U0451785

小·学·版

如何培养孩子的
好品格

(上册)
(1~3年级版)

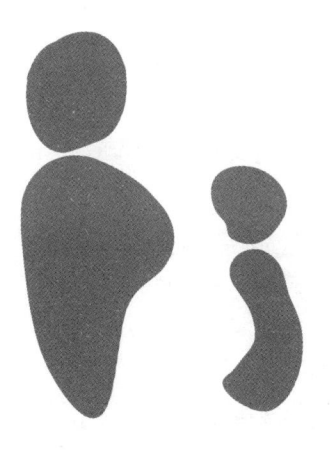

沈鸿丽 张震 编著

中国纺织出版社有限公司

内容提要

本书针对小学阶段孩子的年龄、特点及心理发展需要，提出了一套品格教育实施方法，认为诚信、负责、专注、勤奋、节制、忍耐、感恩这七种品格，是人格的重要支柱。

全书通过概念讲解、故事叙述、案例解析、工具测评等，借助情景体验式方法，以"做中学"的模式，帮助家长和老师引导孩子从有趣的活动中亲自体验品格的重要性，认识到品格的内涵，最后再将正向认知（信念）应用到生活实践中。

图书在版编目（CIP）数据

如何培养孩子的好品格：小学版：全两册 / 沈鸿丽，张震编著. -- 北京：中国纺织出版社有限公司，2022.1

ISBN 978-7-5180-9014-3

Ⅰ.①如… Ⅱ.①沈… ②张… Ⅲ.①德育－小学－教学参考资料 Ⅳ.① G621.6

中国版本图书馆 CIP 数据核字（2021）第 211174 号

责任编辑：刘 丹　　责任校对：楼旭红　　责任印制：何 建

中国纺织出版社有限公司出版发行
地址：北京市朝阳区百子湾东里A407号楼　邮政编码：100124
销售电话：010—67004422　传真：010—87155801
http://www.c-textilep.com
中国纺织出版社天猫旗舰店
官方微博 http://weibo.com/2119887771
天津千鹤文化传播有限公司印刷　各地新华书店经销
2022年1月第1版第1次印刷
开本：880×1230　1/32　印张：11.5
字数：227千字　定价：68.00元

凡购本书，如有缺页、倒页、脱页，由本社图书营销中心调换

总 序

我们生活在一个飞速发展而又事态纷纭的时代,在这个充满诱惑、疑问和不确定因素的世界里,我们的孩子能否成长为社会需要的成年人?

当今,青少年有三大生活空间——家庭、学校、社会。社会的进步似乎总伴随某些非人所愿的副作用,青少年越发难以形成积极的自我形象。如果不给予指导、不给予榜样供其思索,他们在漫漫的人生时光中将遇到不安、迷茫、痛苦和绝望。

有一位学者在美国的幼儿园里做了一项有趣的观察,他发现在幼儿园里,小朋友最先学会说的最高频的三个词,分别是"more,mine 和 no"。

more——多多益善,我还要!

mine——我的!自我的概念!

no——说不!有主见,追求自由!

这三个词,你只要把孩子扔到一个有人类的集体中,稍微有点竞争,就能够刺激他并且会让他逐渐学会,因为它们代表的是一种本能。但作为成年人，我们都知道，孩子靠这三个词是没办法在社会上立足的。而与之相对应的，你知道幼儿园里的老师最常说的三个词是什么吗？"Wait，Take turn 和 Share"。

Wait——等待，你要学会有耐心哦！
Take turn——轮流，你要学会守秩序！

最难学、教了很久都学不会的是 Share——分享，因为这是要家长和老师不断地去引导、去培养、去教育才能够形成的一种品格！这种品格不是本能，是一种更进阶的、更高级的智慧，能够帮助青少年更好地生存。

品格决定我们的自我感觉、行为和交往关系。它根植于我们的价值体系、行为体系、交往体系和态度，特别是"我"的品格，是由自我所信以为真的事物来塑造的。德国哲学家黑格尔曾写道"（人生的）道德领域不仅重视现实的东西，同时也重视理想的东西"。

一、品格教育是教育的趋势

1998 年，联合国教科文组织召开的"面向 21 世纪研讨会"中曾特别指出：道德、伦理、价值观，将会是 21 世纪人类面临的首要挑战。为了迎接这个新的挑战，世界各国纷纷研讨对策，从教育中寻找出路。而从心理学的角度来看，教育对于儿童和青少年来说，也是认识自己和理性指导自己从成长迈向成熟并获取成就的过程。

目前，有越来越多的心理工作者、社会工作者、教育工作者通过品格教育连接社区、学校、家庭教育、职业教育，通过品格的培养树立稳定的人格，可以说，品格教育已经成为教育的一大趋势。

二、品格教育系列图书

本套书着力于"小学低年龄段""小学高年龄段""初中""高中"四个不同阶段的年龄、特点及心理发展需要，将以下七种品格，作为人格的重要支柱，即：

①诚信

②负责

③专注

④勤奋

⑤节制

⑥忍耐

⑦感恩

文中通过概念讲解、故事叙述、案例解析、工具测评等，借助情景体验式教学方法，以"做中学"的学习模式，让青少年从活泼有趣的活动中亲自体验品格的重要性，认识到品格的内涵，最后再将正向认知（信念）应用到生活实践中。

在内容设计上，本套书每个分册都相应设计为八个篇章，其中七个篇章对应上文提到的七大品格——诚信、负责、专注、勤奋、节制、忍耐、感恩，每一篇章含概念、阅读材料、案例解析及专项评测工具，以帮助教师、家长、学生了解背景信息，指明每一主题上采取的立场及不同年龄段的发展任务与品格培养方法。

　　本套书的首要目的不是为了传达事实，而是提出新的视野。书中材料的组织顺序反映了特定的思维流程，为各论题的展开提供了一种建设性途径。

Preface 前　言

如何教导儿童、青少年的品格

　　思想塑造人格，在灵魂深处所建造的思想方式，正是品格形成的基础，帮助青少年澄清错误的思想信念，在生活中、学习中培养美好品格，是品格教育的关键，但也是最不容易达到的目标。

　　面对日常事务，我们难免带着根深蒂固的想法与立场，这些想法与立场在系统思考的研究中被称为"心智模式"。每个人都有自己的心智模式，决定我们如何看、看见什么，这些信念系统的发展影响我们的思考和行动，并引导我们去预期某些结果。

　　有趣的是，我们所看见的往往不是全部事实真相，因此，可能会将结论建立在错误的假设上，以至于内在形成错误的思想信念，最后外在出现负面的行为模式。

　　我们看世界的方式影响我们世界观的形成，当我们看世界的方式改变了，我们就能够改变自己在社会中的角色，并得到迥然不同的结果。

心理学家从许多角度定义人格，其中有两个基本概念是一致的：独特性以及行为的特征性模式。我们将人格定义为：一系列复杂的具有跨时间、跨情境特点的对个体特征性行为模式（内隐的以及外显的）有影响的独特的心理品质。

它们可以帮助我们达成心理学的两个主要目标。

（1）理解人格的结构起源以及与此相关的特点。

（2）根据对人格的理解，预测行为和生活事件（不同的理论对人在一定条件下如何做出反应或是适应有不同的预测）。

一、人格的五个方面

下面是描述人格不同方面的一幅常见图：

（1）生理——你的皮肤和身体内的一切，是可以触摸得到的，这就像人的行为一样。

（2）情感——你的感受、反应、动机和欲望。

（3）社交——你与其他人的互动活动，你的交际能力和你的界限。

（4）智力——你分析、判断、推理、理解和解决问题的能力。

（5）精神——你的意识、思维活动、心理状况及信念。

每一种品格累积成人格，人格 = 先天气质 + 后天培养

二、如何培养青少年的品格

每一种品格都代表一种抽象的价值信念，如何将它们转化成具体的教学内涵？我们提出一套品格教学实施方法，并称作"六E品格教育"。"六E"与体验学习（Experimental Learning）的精神有许多相互契合之处，概述如下。

（一）榜样（Example）

老师要以身作则，审慎地对待个人的道德生活，成为学生学习的榜样，以获得学生的信赖，并介绍历史、文学或现实社会中值得学习的人物典范。

（二）讲解（Explanation）

言教是品格教育的方式之一，但不靠灌输，要与学生真诚对话，解除疑惑，并启发他们的道德认知。在体验活动中，青少年可能面临价值观念的疑惑，此时，老师通过反思引导的方式，可以让学生弄清问题的疑惑点，并知道如何实践良善的行为。

（三）劝勉（Exhortation）

学生难免遭受挫折或是彷徨，老师必须在情感上激励学生的

良善动机,鼓励他们有坚持品格的勇气。在体验活动或户外冒险情境中,必须学习接纳个性成员的差异,通过支持与关怀及团队凝聚,鼓励彼此接纳对方的缺点与不足。

(四)环境(Environment)

班级或学校皆可视为一个小型的社会,因此,必须创造一个让学生感受到彼此尊重与合作的环境,以塑造学生的品格。体验教育环境中,接纳、尊重、合作、信任、沟通与问题解决是必备的要素,老师必须鼓励学生依照自己的能力做出正确的决定,且为自己的决定负责任。

(五)体验(Experience)

教会学生一些有效的助人技巧,安排校内外活动及服务,可使学生结合道德思考与行动增进自我概念的形成,并有机会亲身感受到自己对别人或社会有所贡献。体验式学习是鼓励学生在反思中学习,能有效地改变行为。

(六)追求卓越(Expectations of Excellence)

学生不仅在学业上追求卓越,在品格上也应设定优秀的标准,让他们全力以赴,使他们在一生中有美好的见证。在体验教育的挑战中,能运用智慧及勇气拓展个人的舒适区。

三、结合体验学习的品格教育

早在多年前,我便提出以"情景体验式训练法"替代"说教",体验学习是指一个人直接透过体验而构建知识、获得技能以及提升自我价值的历程。我们提倡"教育是经验的改造,教育即生活,要在做中学,是一种回归人类本能学习的教育理念"。

在体验中,通过"经验学习""价值契约""自主性挑战"等信念的构建,使参与者完成个人与团体目标。经历过团体的成长历程,从中发展出有效的沟通分析、问题解决、信任合作、决策领导等能力,个人品格概念、团体合作概念通过潜能激发也将获得提升。

从体验中学习的反思与内省,通过引导反思的过程,使参与者在"做中学"的过程中,改变认知与行为态度,澄清错误信念。

(一)体验阶段

在目标设定的原则下,选择与品格相关的主题活动,促进学生体验与自己密切相关的各项能力,如:角色扮演、沟通接纳、解决问题、领导特质以及在人际互动中感受诚信、负责、专注、勤奋、节制、忍耐、感恩等品格的重要性。

(二)反思内省阶段

就活动中所发生的具体情况进行引导,讨论"发生了哪些问题""产生了哪些情绪""对此引发了哪些感受与想法"等。

(三)归纳阶段

引导学生思考:当下所发生的现象与事实是否也存在于我们

的生活中？过去个人在某些场合或情境中是否曾发生过类似的事情，产生过类似的情绪、感受和想法？

使当下的经验与参与者过去的生活经验或价值观产生关联，通过引导转化信念。

（四）应用阶段

体验学习的成果校验，在于是否能够应用活动经验，把所学的在真实的世界加以实践。引导者必须引导学生反思的重点如下：

（1）我们对所说的品格是否有新的认识？

（2）面对未来的生活，在所讨论的品格议题上，个人与团体需要改进的地方有哪些？（此部分应用的焦点，必须与目标的设定紧密相扣。）

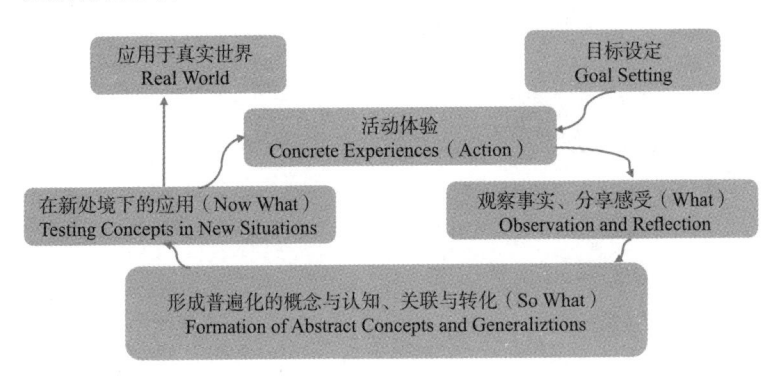

```
应用于真实世界                          目标设定
Real World                             Goal Setting
                    活动体验
                    Concrete Experiences（Action）
在新处境下的应用（Now What）            观察事实、分享感受（What）
Testing Concepts in New Situations      Observation and Reflection
         形成普遍化的概念与认知、关联与转化（So What）
         Formation of Abstract Concepts and Generaliztions
```

沈鸿丽

2021 年 8 月

CONTENTS 目 录

第一章　小学低年龄段孩子身心发展的特点（1～3年级）

一、小学一年级孩子身心发展的特点　/ 002

二、小学二年级孩子身心发展的特点　/ 003

三、小学三年级孩子身心发展的特点　/ 004

第二章　品格资本：诚信

一、动机激发，让诚信品格持久发光　/ 008

二、"诚信"好品格故事汇　/ 010

三、体验活动（学校版）　/ 013

四、行动学习单　/ 014

五、体验活动（家庭版）　/ 016

六、21天学生品格养成日记　/ 020

七、21天父母教子周记　/ 022

八、扩展阅读：教子有方　/ 024

第三章　品格资本：负责

一、动机激发，让负责品格持久发光　/ 028

二、"负责"好品格故事汇　/ 031

三、体验活动（学校版）　/ 035

四、行动学习单　/ 037

五、体验活动（家庭版）　/ 039

六、21天学生品格养成日记　/ 041

七、21天父母教子周记　/ 043

八、扩展阅读：教子有方　/ 045

第四章　品格资本：专注

一、动机激发，让专注品格持久发光　/ 052

二、"专注"好品格故事汇　/ 056

三、体验活动（学校版）　/ 059

四、行动学习单　/ 062

五、体验活动（家庭版）　/ 063

六、21天学生品格养成日记　/ 067

七、21天父母教子周记　/ 069

八、扩展阅读：教子有方　/ 071

第五章　品格资本：勤奋

一、动机激发，让勤奋品格持久发光　/ 076

二、"勤奋"好品格故事汇　/ 080

三、体验活动（学校版）　/ 083

四、行动学习单　/ 085

五、体验活动（家庭版）　/ 087

六、21天学生品格养成日记　/ 088

七、21天父母教子周记　/ 090

八、拓展阅读：教子有方　/ 092

第六章　品格资本：节制

一、动机激发，让节制品格持久发光　/ 096

二、"节制"好品格故事汇　/ 100

三、体验活动（学校版）　/ 103

四、行动学习单　/ 104

五、体验活动（家庭版）　/ 106

六、21天学生品格养成日记　/ 109

七、21天父母教子周记　/ 111

八、扩展阅读：教子有方　/ 114

第七章　品格资本：忍耐

一、动机激发，让忍耐品格持久发光　/ 118

二、"忍耐"好品格故事汇　/ 120

三、体验活动（学校版）　/ 125

四、行动学习单　/ 126

五、体验活动（家庭版）　/ 127

六、21天学生品格养成日记　/ 130

七、21天父母教子周记　/ 132

八、扩展阅读：教子有方　/ 134

第八章　品格资本：感恩

一、动机激发，让感恩品格持久发光　/ 138

二、"感恩"好品格故事汇　/ 140

三、体验活动（学校版）　/ 144

四、行动学习单　/ 146

五、体验活动（家庭版）　/ 147

六、21天学生品格养成日记　/ 150

七、21天父母教子周记　/ 151

八、扩展阅读：教子有方　/ 153

参考文献　/ 156

第一章
小学低年龄段孩子身心发展的特点（1~3年级）

一、小学一年级孩子身心发展的特点

小学一年级是"幼小衔接"的过渡阶段,这一时期的孩子面临着学习、生活、人际交往等方面的转型问题。一年级的孩子往往会对小学环境、小学生规则、班级与课堂、同学与师生交往等产生不适应感。差异凸显在小学环境下孩子不再享受在幼儿园时老师们保姆般的呵护,而是需要学会独立和成长,摆脱各种各样的"不适应症"。下面是小学阶段及其他年龄段人的心理需求的对比表。

年龄	特定心理危机	积极结果	消极结果
0~1岁	基本信任对基本不信任	内在好的感觉,信任自己和他人,乐观	内在坏的感觉,不信任自己和他人,悲观
1~3岁	自主对羞怯和疑虑	意志训练,自我培训,能做决定	积极严厉,自负怀疑,关注自我,空虚
3~6岁	主动对内疚	成功的欢乐,主动性,方向性,目的性	对深思的目标和取得的成就感到内疚
6~12岁	勤奋感对自卑感	能够被生产性的工作吸引,因完成工作而自豪	不适合感和自卑感,不能完成任务

续表

年龄	特定心理危机	积极结果	消极结果
12~20岁	同一性对角色混乱	对内在一致性和连续性的信心，对生活充满憧憬	角色混乱，没有固定的标准，感到虚伪
20~24岁	亲密对孤独	感情的共鸣，分享想法、工作和感情	避免亲密，关系淡漠
24~65岁	繁殖对停滞	能投入工作，有建立亲密人际关系的能力	失去对工作的兴趣，人际关系贫乏
65岁以后	自我整合对失望	有秩序和意义感	怕死，对生活及生活中已得到的或没发生的事情感到痛苦、失望

二、小学二年级孩子身心发展的特点

二年级的孩子正值七八岁，这个年龄阶段的孩子，核心发展任务是解决并处理好"勤奋感与自卑感"之间的矛盾。如果他们总是无法胜任家长或老师指定的任务，经常遭受批评和指责，同时缺少以正确角度看待此类问题的正向引导语言并逐步找到解决办法，他们就很可能产生自卑心理，上进感、努力感降低，对抗感、放弃感增强。应鼓励孩子克服学业困难并顺利完成学业目标，常态化向孩子输入"正能量"，让勤奋感战胜自卑感，拿到"积极结果"，顺利进入下一个发展阶段。

三、小学三年级孩子身心发展的特点

这个阶段的孩子因为性格、情绪、认知等都处在转折期,变化快、波动大、不稳定是常态。同时,由于摄入知识的方式不再以多样化游戏活动为主,转而进入了更为系统的学业科目学习。同时,各种规则、目标都更为具体化、细致化、明确化。此阶段父母需要不断提高意识与能力,让转折期过渡得平稳、顺利、高效。

8岁孩子能力发展简表

特征分类	8岁孩子所具特征
整体特质	外向活跃,具备基本的评估能力
	对外界的反应极其敏感
	热衷探索新鲜事物
	喜欢探究新领域,不喜欢窝在家里
	对人际关系十分感兴趣
	经常自我反省
	渴望得到他人肯定
人际交往	与妈妈的关系显得更为复杂
	与爸爸的关系轻松缓和许多,会以爸爸为榜样
	与兄弟姐妹因嫉妒而发生争吵
	祖孙关系十分融洽
	家庭结构对孩子的感情影响很大
	与伙伴主动建立关系

续表

特征分类	8岁孩子所具特征
自我意识	敞开心扉，接纳他人
	认识自己，审视自己
	勇于面对一切挑战
	自己的"财宝"看得很紧
	对好与坏、对与错已经有了比较清晰的概念
性意识	男女意识增强
	对小婴儿兴趣倍增
	心里有颗浪漫的种子
心智能力	时间概念增强
	空间辨认感因人而异
	阅读偏向印证自己知道的事情
	字体具有自己的风格
	算数能力参差不齐
	判断能力增强
	喜欢夸大事实
	对神灵、死亡有正确的认识
	是非判断趋于明确

（资料来源：[美]路易斯·埃姆斯，卡罗尔·哈柏：《你的8岁孩子》）

9岁孩子能力发展简表

特征分类	9岁孩子所具特征
整体特质	独立、执着、不可预测
人际交往	独立性增强，在感情上也表现出对他人不再过度依恋
	对妈妈的感情依赖减少，妈妈应该尽快适应全新的角色
	对爸爸敬重，对来自爸爸的反应比较敏感
	和兄弟姐妹的关系好坏依据年龄而定
	祖孙情谊更加浓厚
	重视友情，朋友已成为孩子世界的中心

续表

特征分类	9岁孩子所具特征
自我意识与性意识	对自我有较准确的评价，有时会沉浸在自我的世界里
	自我意识增强，能够独立完成一些事情，有较强的安全感
	做事更有计划，更加执着
	爱思考，喜欢与人为善
	排斥异性阶段
	懂得保护身体隐私，对自身的器官和功能感兴趣
管教方式	把握孩子的特点，倡导成长派管教方式
	分析孩子对指令、惩罚、奖励的反应
	利用孩子讲道理的特点
	利用孩子追求公平的特点
	把握孩子的道德标准
	利用孩子讲究真实与诚信的特点
	合理惩罚

（资料来源：[美]路易斯·埃姆斯，卡罗尔·哈柏：《你的9岁孩子》）

心理资本的核心价值：核心价值通常是指必须拥有的终极信念，它是个人发展中如何处理内外矛盾的一系列准则。核心价值具有相对的不可逆性。

第二章

品格资本：诚信

一、动机激发，让诚信品格持久发光

（一）诚信是经营美好人生的第一要素

诚信：泛指待人处事真诚、讲信用，一诺千金等。但一般主要是指两个方面：一是指为人处事真诚诚实，尊重事实，实事求是。二是指信守承诺。

子曰："人而无信，不知其可也。"人若不讲信用，就无立足之地，什么事情也做不成。诚信是一种人人必备的优良品格，一个人讲诚信，就代表了他是一个讲文明的人。讲诚信的人，处处受欢迎；不讲诚信的人，人们会忽视他的存在。所以，我们每个人都要讲诚信。诚信是为人之道，是立身处世之本，是经营美好人生的第一要素。

（二）诚信为立人立事之本

古语云："反身而诚，乐莫大焉。"只有做到真诚无伪，才可使内心无愧，坦然宁静，给人带来最大的精神快乐，是人们安慰心灵的良药。人若不讲诚信，就会造成社会秩序混乱，彼此无信任感，后患无穷。正如《吕氏春秋·贵信》所说，如果君臣不讲信用，则百姓诽谤朝廷、国家不得安宁；做官不讲信用，则少不怕长，贵贱相轻；赏罚无信，则人民轻易犯法，难以施令；交友不讲信用，则互相怨恨，不能相亲；百工无信，则手工产品质量粗糙，以次充好，丹漆染色也不正。可见失信对社会的危害何等大啊！综观而言，诚信对于自我修养、齐家、交友、营商以至为政，都是一种不可缺少的美德，可见诚信在人类社会中是非常重要的。

（三）诚实带来诚信，诚信带来信任

诚实是人内心的罗盘，指导人生的方向，是经营美好人生的基本要素。哲学家康德指出："诚实为最上策。"在人际关系、家庭、友谊、教育、商业、政治、外交上，诚实是唯一建立持久关系的基础，是过去、现在也是将来的最佳策略；相反，说谎则代表虚假、伪装、虚构，更是一种以自我为中心、不尊重自己与别人的行为。有人说："如果时间就是金钱，那么诚信就是生命！"一个拥有良好信誉的人，就如同拥有一个无形、无价的宝藏，只要我们去经营它，不去损坏它，它就是快乐、成功的生命之源。

真正的诚实是做正确的事情，不管别人知不知道。

——奥普拉·温弗雷

二、"诚信"好品格故事汇

故事1　不可"因善而从恶"

郭沫若小时候很淘气,但是很孝顺。有一次,他的妈妈得了一种"晕病",郭沫若听说芭蕉花可以治这种病。这种花卖得很贵,并且难得一开,于是,他就和哥哥一起跑到一座花园内找这种花,恰好那座花园里的芭蕉开了一朵大黄花,郭沫若和哥哥便把花偷偷地摘下来送给了妈妈。母亲问清了花的来历后,非常生气,呵斥他们为"不争气的孩子",父亲对此还对他们动了家法,并责令他们将芭蕉花送回原处。从此,郭沫若再也不偷拿别人的东西了。

智慧之光:病中的母亲盼花心切,但没有忘记育子的重任,父亲也能体察到孩子的孝心,但他坚守"勿以恶小而为之"的信条,第一次责罚了心爱的孩子。他们把孩子的品格看得比治病还重要,比生命还可贵。"惜钱休教子,护短莫投师",积金不如积品,恶虽小,誓不可为之。

故事2　宁可为诚实而受罚,也不为谎言去开脱

乔治·华盛顿是美国第一任总统,他小时候是个又聪明又淘

气的孩子。一天，父亲送给他一把崭新且小巧锋利的小斧头，小乔治可高兴啦！他想："父亲的大斧头能砍倒大树，我的小斧头能不能砍倒小树呢？"他看到花园旁边有一棵小樱桃树，小乔治高兴地跑过去，举起小斧头砍了下去，没几下，小樱桃树就被他砍倒了，他捡起树枝兴奋地在花园里玩耍了起来。一会儿父亲回来了，看到心爱的樱桃树倒在了地上，生气地问小乔治："是你砍倒了我的樱桃树吗？"小乔治这才恍然明白自己闯了祸，心想"今天准要挨爸爸揍了"，可他从来不说谎，就一五一十地告诉了父亲。可小乔治的父亲听后不仅没有责罚他，反而还将他抱了起来高兴地说"我的好儿子，爸爸宁可损失一千棵樱桃树，也不愿你说一句谎话，爸爸原谅诚实的孩子，不过以后再也不能随便砍树了哦！"小乔治望着父亲懂事地点了点头。

智慧之光：故事中的主人公小乔治完全可以编出很多个理由或是干脆说"不知道"，来逃过可能由于说实话而带来的责罚，但诚实带给他的力量战胜了胆怯的心魔，最终他选择了言行一致，勇敢地面对。

高尔基曾经说过："让我们做一个大写的人吧！"而诚实和守信就好像人的一撇和一捺，支撑起我们每个人的道德准则。

资源链接

研究者把儿童交友和保持友谊的能力分为五个阶段

儿童友谊发展的五个阶段	
0阶段 （3~7岁）	在这一阶段，儿童之间的关系还不能确切地称作"友谊"，研究者称这一阶段儿童之间的关系为短暂的游戏同伴关系。这一阶段，朋友往往与实利和物质属性及其邻近性相联系。"他是我的朋友。""为什么？""因为他有个大娃娃和秋千。"
第一阶段 （4~9岁）	单向帮助阶段：即要求"朋友"做他要求的事情。"他不再是我的朋友了。""为什么？""因为我要他跟我走，他不肯！"
第二阶段 （6~12岁）	双向但不能共患难的合作阶段：在这一阶段，儿童懂得了交互性，但仍停留在亚里士多德的所谓功利性阶段
第三阶段 （9~15岁）	亲密的共享关系阶段：儿童出于共享和双方的利益而与他人建立友谊。朋友之间倾诉秘密，讨论、制订计划，互相帮助、解决问题。但这一时期的友谊是与排他性、独占性密切联系的
第四阶段 （15岁开始）	友谊发展的最高阶段：这一阶段，青少年和成人认识到人有多种需要。"友谊是真正地承担义务，是冒险，你必须依靠它、信任它，不断地给予，但你也应该能够放开它。"

在建立这个友谊发展模式之后，研究者开始用它评价难与他人交友的儿童的友谊水平。这种以五个阶段为基础的发展策略，可以帮助那些在交友和保持友谊的社会技能方面落后于同伴的儿童。——佟月华编译：《儿童友谊观念的发展》，载《心理发展与教育》，1988第4期

三、体验活动（学校版）

【活动名称】秘密大风吹。

【活动人数】10～12人为一组。

【活动目标】体验诚实地表达对过去事实的感受。

【活动规则与流程】

1. 先定出秘密大风吹的主题。

（例如：A：小时候发生的故事、经验；B：学校的生活；C：最丢人的事情）

2. 找一个人当天使，站到圆心的中间，其他人坐在椅子上，并确定没有多余的空位。

3. 天使说："大风吹。"其他人回应："吹什么？"

（例如："吹上课打过瞌睡的人。"）有此经验的人必须立刻起来，天使也趁机找到空位坐下，没抢到位置的人当下一个天使，继续按规则玩下去。

【带领技巧与注意事项】

1. "秘密大风吹"的目的着重于过去经验的分享，而非当下穿着或外表特征。

2. 鼓励学生提出有趣的问题，但不可恶意提问。

3. 活动时，学生之间需保持一定间隔距离。

	引导反思——整理活动经验与提升
A	这个游戏最有趣的地方是什么
B	刚刚玩"秘密大风吹"的时候，完全诚实的人请举手
C	为什么愿意这样做
D	刚刚玩"秘密大风吹"的时候，有谁曾经犹豫过要不要站起来？为什么

四、行动学习单

（一）你有多诚实？（请就以下情况，凭直觉反应并勾选答案）

1. 走出超市，发现店员多找你钱，你会主动退钱给他吗？

　　　　　　　　　　　　　　　　□ 会　□ 不会

2. 你在街上捡到一个皮包，里面有 1 万元现金，还有对方的联系电话、身份证，你会退钱给他吗？　　□ 会　□ 不会

3. 考试后，因为成绩不错，老师颁给你一张奖状，后来发下成绩单，却发现有一题分数多给了，你会告诉老师，并退回奖状吗？　　　　　　　　　　　　　　□ 会　□ 不会

4. 朋友送你一套昂贵的电脑软件盗版产品，你会把它安装在自己的电脑上吗？　　　　　　　　　　　□ 会　□ 不会

5. 如果你未来在一家公司上班,是否会因为家里刚好缺签字笔,就从办公室拿回家? □ 会 □ 不会

6. 去旅馆住宿时,离开时你是否会将旅馆里好看的浴巾顺便带走? □ 会 □ 不会

7. 很晚回家时,你会编个理由隐瞒家人吗? □ 会 □ 不会

8. 考试时,许多同学都在作弊,监考老师却视而不见,为了成绩不比别人低,你会选择作弊吗? □ 会 □ 不会

9. 在学校做错事,担心老师责备,你会用谎话来找借口吗? □ 会 □ 不会

10. 在某一个自动投币的"诚实商店"买东西,在旁边没有人的情况下你是否会投入足够的金钱? □ 会 □ 不会

(二)我愿意学习诚实(可多选,并请分享)

1. 我知道诚实和什么有关:

□ 跟别人沟通有关:所以我讲话的语气要诚恳,内容要真实

□ 跟我的良心有关:承认还是遮掩,我们自己最清楚

□ 跟勇敢有关:诚实有时候需要勇气

2. 诚实是会叫自己吃亏,但若说谎被拆穿,我会:

□ 被人耻笑

□ 不被信任

□ 以后说话人家会怀疑

□ 觉得很丢脸

□ 死不认错

3. 如果是关乎别人的坏事，我该怎么办？

☐ 不管他，先诚实说出来

☐ 先请教长辈

☐ 闭口不言

☐ 请对方去问当事者

4. 如果诚实会叫自己吃亏（丢脸），我仍愿意诚实，那是因为：

☐ 虽然这一次是吃亏，但却永远赢得对方的信任

☐ 虽然吃亏，但却不用说很多谎言来掩盖事实

☐ 虽然吃亏，但会赢得别人的尊敬与赞赏

5. 在诚实的品格中，我愿意积极学习：

☐ 实话实说，不撒谎

☐ 考试绝不作弊

☐ 勇于认错，不为自己找借口

☐ 绝不会偷窃、顺手牵羊

五、体验活动（家庭版）

　　家庭活动，是增进亲子关系、家长引导孩子如何正面积极看待问题最好的练习场，家长坚持做孩子好品格的榜样，会提高孩子学习的责任感和诚信的好品格。

　　——体验才能感受，参与才会得到，引导才有收获！

【活动一名称】 松鼠搬家。

【活动时长】 15～30分钟。

【材料准备】 无。

【场地要求】 室内、室外皆可。

【活动目标】 锻炼听觉注意力、快速反应能力和诚信的品质。

【活动导入词】 我们先手拉手围成一个圈，下面我们来玩松鼠搬家的游戏，注意，我们要承诺——诚实地面对活动中所发生的一切，同意承诺的请举手表示"无论什么情况我们都选择诚实"。

【活动步骤】

1. 先请大家手拉手围成一个圈。

2. 请从这里（任意一个人）开始，顺时针1、2、3，1、2、3这样报数（报到3之后，下一个从1开始报）。

3. 报2的人蹲下，请报1的人向左转，报3的人向右转。

4. 报1和3的人相对而站，举起你们的双手搭成一个"小木屋"。报2的人就蹲在"小木屋"里面当"小松鼠"。

5. 请注意听口令做对应的动作：

当听到"松鼠搬家"的时候，"小松鼠"要调换到其他的"小木屋"中。

当听到"樵夫砍柴"的时候，搭"小木屋"的两个人要赶紧分开，寻找新的搭档，搭建新的"小木屋"，同时，小松鼠在原地不能动。

当听到"森林大火"的时候，角色可以转换，也就是说"小松鼠"可以变成"樵夫"，"樵夫"也可以变成"小松鼠"，然后寻找新的伙伴,三个人组成"小松鼠"和"小木屋"的组合。

【活动过程】每轮可更换主持人,主持人可不断变化口令,让大家根据口令做相应的动作。

【活动总结】看大家玩得都很开心,那在这个过程中谁听得最认真呀?在这个过程中谁的执行最好啊?谁最诚实啊?我们将最大的奖项发给哪一位呢?今天我要发给最诚实的这一位,因为面对自己做得不够好还能认真继续做,这就是诚实面对自己的表现,所以,我觉得他很有勇气,把这个最大的奖项送给他。接下来还有奖,这一次我们所有人一起来做,在8分钟之内做完。

【活动二名称】和为10。

【活动时间】10分钟。

【场地要求】室内。

【准备材料】笔、秒表、数字表格。

【活动过程】让孩子从指定的数字中找出和为10的相邻的两个数(例如:8795 64367 8226 91。注意:一定是相邻的两个数),并把它们用笔标出来,父亲或母亲计时,要求:

1. 在8分钟内尽快做完,不要超时,否则测试成绩不准确。

2. 从开始做,一直到做完为止,中间不能停顿。

【评分标准】数字行共有150对相加等于10的邻数,每答对一对数字得1分,例如:孩子答对下面共130对,则得130分。

得分124~150:注意力非常强,学习效率高。

得分113~123:注意力比较强,学习效率比较高。

得分102~112:注意力一般,及格,学习效率比较低,需要提高注意力。

得分 101 及以下：注意力比较差，学习效率很低，是注意力不集中的孩子，最需要提高注意力。

【活动总结与奖励】

家长问：刚刚成绩最好的请举手，你是怎么做到的？

家长问：刚刚成绩不是最好的，但最诚实面对的请举手。面对结果，你认为是结果重要还是诚实的品格重要？为什么？

可发"心愿卡"（准备一个空白小卡片或白纸，让孩子写上一个自己的心愿／想要的礼物）作为奖励，让亲子活动良性循环发展。

【注意事项】这样的测试在一个阶段的训练结束后还要做，用来检验孩子的进步程度，家长要做好记录。

【测试题】

A　79148756394678831234567898765437

B　91765432198765431421521621728194

C　12845678912345671521631746135124

D　33467382914567349129123198265190

E　51982774675370988028382032465934

F　20563778957497455055333554465505

G　64328976378209382457864018258640

H　76554744466688831345178313141561

I　32832112312354378239237236324376

J　98798787682676570198684743289619

K　19873826455910884234568345679467

L　24682468369118194455566667777738

M　83659172375943767766554433221199

N　91827364558183729108207456789234

O　27348556472378026775675675645766

P　63868918764382928765465435432321

Q　9754335468225466857463529664 5342

R　40439347368247463647586972837283

S　50161984632876428487659071151682

T　83654289664036826754698457342891

U　48654876983473896474676476473468

V　8957386901028537823 2818171615648

W　64286497628018365283607788991122

六、21 天学生品格养成日记

【21 天效应】在行为心理学中，人们把一个人的新习惯或理念的形成并得以巩固至少需要 21 天的现象称作 21 天效应。这是说，一个人的动作、想法，如果重复 21 天，就会变成一个习惯性的动作或想法。

第一周								
"诚信"好品格日记：准确地传达事实，以赢得他人的信任								
具体行动	本周曾经实践的项目，请打√							我的心情点滴
	一	二	三	四	五	六	日	
我一犯错就承认								
我不欺骗、偷窃								
我不夸大扭曲事实								
我愿意实话实说								

第二周								
"诚信"好品格日记：准确地传达事实，以赢得他人的信任								
具体行动	本周曾经实践的项目，请打√							我的心情点滴
	一	二	三	四	五	六	日	
我一犯错就承认								
我不欺骗、偷窃								
我不夸大扭曲事实								
我愿意实话实说								

第三周								
"诚信"好品格日记：准确地传达事实，以赢得他人的信任								
具体行动	本周曾经实践的项目，请打√							我的心情点滴
	一	二	三	四	五	六	日	
我一犯错就承认								
我不欺骗、偷窃								
我不夸大扭曲事实								
我愿意实话实说								

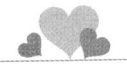

七、21天父母教子周记

第一周	本周曾经实践的项目，请打√
1. 我本周没有把不好的情绪带回家，我努力创造轻松快乐的家庭氛围	
2. 我本周经常专心陪伴孩子40分钟以上（倾听、玩耍、讲故事……）	
3. 我本周经常使用肯定、鼓励的语言和孩子平等沟通	
4. 我本周和孩子一起做过户外活动：运动、玩耍、散步等	
5. 我本周发现了孩子的优点，并及时给予肯定和夸奖	
6. 我本周有拥抱孩子，并说爸爸/妈妈爱你	
7. 我本周没有当着孩子面，对爱人（家人）发脾气	
8. 我本周对爱人（家人）说了爱、赞美等正能量的话	
9. 我本周用心陪伴父母或给父母打电话问候	
10. 自我点评，我本周：	

第二周	本周曾经实践的项目，请打√
1. 我本周没有把不好的情绪带回家，我努力创造轻松快乐的家庭氛围	
2. 我本周经常专心陪伴孩子40分钟以上（倾听、玩耍、讲故事……）	

续表

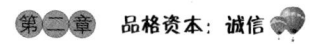

第二周	本周曾经实践的项目，请打√	
3. 我本周经常使用肯定、鼓励的语言和孩子平等沟通		
4. 我本周和孩子一起做过户外活动：运动、玩耍、散步等		
5. 我本周发现了孩子的优点，并及时给予肯定和夸奖		
6. 我本周有拥抱孩子，并说爸爸/妈妈爱你		
7. 我本周没有当着孩子面，对爱人（家人）发脾气		
8. 我本周对爱人（家人）说了爱、赞美等正能量的话		
9. 我本周用心陪伴父母或给父母打电话问候		
10. 自我点评，我本周：		

第三周	本周曾经实践的项目，请打√	
1. 我本周没有把不好的情绪带回家，我努力创造轻松快乐的家庭氛围		
2. 我本周经常专心陪伴孩子40分钟以上（倾听、玩耍、讲故事……）		
3. 我本周经常使用肯定、鼓励的语言和孩子平等沟通		
4. 我本周和孩子一起做过户外活动：运动、玩耍、散步等		
5. 我本周发现了孩子的优点，并及时给予肯定和夸奖		
6. 我本周有拥抱孩子，并说爸爸/妈妈爱你		
7. 我本周没有当着孩子面，对爱人（家人）发脾气		
8. 我本周对爱人（家人）说了爱、赞美等正能量的话		
9. 我本周用心陪伴父母或给父母打电话问候		
10. 自我点评，我本周：		

八、扩展阅读：教子有方

父母如何应对孩子叛逆的小火苗

在养育孩子的话题里，似乎只要一提到"叛逆"这两个字，就容易让父母们产生一种不由自主的紧张感，那么在这里就先给大家吃一颗安心丸——孩子在这个年龄段的叛逆和进入青春期后的那种我们常规认知里的叛逆，还是有本质区别的。

首先，这个时期的叛逆并不会很激烈，如果有的父母总是对孩子说带有侮辱性的语言，或是给孩子频繁带来肢体伤害的行为，那就另当别论。侮辱和打骂，永远是最劣质的教育。

回到我们的话题，之所以说不会很激烈，一方面是由孩子的生理发展决定的，也就是身高、体重和力量与成年人相比还是有很大差距的；另一方面，也同样是由于生理发展阶段的因素，孩子开始逐渐感受到力量给他带来的新鲜感，比之前跑得更快了、跳得更高了、挣脱得也更迅速了等。那么，展现他这些所谓"本领"的优选对象会是谁呢？第一人选自然是父母，原因很简单，因为这样对孩子来说风险最小，而在父亲和母亲之间，孩子又会先选择谁呢？没错，是母亲。

基本上，母亲会成为第一个被孩子挑战和印证自己所谓实力的对象。我们并不提倡一味地劝说母亲要如何增强自己的耐心，从而抵抗住来自孩子的这种略显攻击性的行为，因为这对很多母亲来说，难度系数确实很大。而此时的最佳选择是父亲尽可能多地参与进来，和孩子在肢体上有更多互动性的接触。

这样做的好处非常多。首先，男性的力量本就高于女性，或者换句话说，男性比女性更具抗击打能力，抛开对孩子的养育责任不说，即便是出于对妻子的疼爱，身为丈夫，此时也应该挺身而出。

在这里，友情提醒一下此时有心准备奔赴"战场"的父亲们，你的出现，并不是为了让孩子一定要听你的，前面有一句话所提到的重点是"在肢体上和孩子有更多互动性的接触"，不是要让父亲打他、揍他或是习惯性地要求他、命令他，而是在家里时，多摸摸孩子的头部或者背部，多问问孩子这一天在外发生的事情，同时，在空闲时多创造一些机会和孩子到户外去玩耍，这样最大限度地给妈妈留出休息和缓解情绪的时间和空间。大多数女性在控制情绪方面有天然的难点，爸爸们此时以"多做少说"为重点，尽量保持言行稳定地对待妻子和孩子，无疑是在为家庭的长久美满奠定坚实的和谐基础。

另一个好处是父亲比母亲在养育中对孩子更有原则感。母亲，由于是孕育孩子生命的主体，对孩子所倾注的生命情感要远远大于父亲，当这个年龄的孩子对母亲出现了有针对性的行为时，就极容易导致母亲快速陷入委屈和伤心的情绪当中，此时出现最多的是母亲两极化的应对方式——要么用更加溺爱的方式纵容孩子，误导自己将纵容当成了包容；要么会以更加不耐烦的情绪回击孩子，甚至这两种方式还会同时出现，也就是一边溺爱一边要求甚至是苛求。而这样做其实都在或多或少地增加孩子的逆反心理和行为，逆反的频率和力度则取决于孩子的天性是偏活泼还是偏安静，也就是偏外向还是偏内向。

父亲的加入则会大大避免出现这样的情况，相当于建立了一个冲突的缓冲带，孩子和母亲在生命生长关系里，本就有着难以逾越的共生关系，而此时由于孩子发展的特点，频繁地让母子之间陷入对抗的窘境，无疑是有百害而无一利。

面对孩子极有可能出现的这第一个小叛逆期，母亲适时地后退，父亲合理地向前，让父亲有参与养育孩子的空间，也让父亲逐渐具备应对孩子各种问题的能力，不仅能有效缓解眼下的冲突，更是对未来孩子健康成长的一种准备与磨合。

夫妻间应早些养成处理孩子的事情时能有商有量的好习惯，互相鼓励、共同担当，不嫌弃、少指责。

小结

- 用合理的方式守护孩子的成长，是每一位父母义不容辞的责任。
- 孩子的点滴进步，都离不开父母们无数次耐心地坚持和用心地引领。
- 让孩子更爱父母，父母也更懂孩子。

第三章

品格资本：负责

一、动机激发，让负责品格持久发光

（一）"负责"的意义

一个人在小事上靠得住，在大事上也靠得住；一个人在小事上不诚实，在大事上也不会诚实。我们不能为了逃避明天的责任而避开今天的责任。

"负责"的意思是："答复、回应所做的承诺"。因此，负责乃是知道并履行所做的一切承诺，负责是心理资本中优秀品格的一种主要特质。

首先，我们先来了解一组词的含义：责任感与负责。责任是指对任务的一种负责和承担，而责任感则是一个人对待任务、对待学习的态度，责任感是简单而无价的。

据说美国前总统杜鲁门的桌子上摆着一个牌子"Book of stop here（责任在此，不能再拖）"这就是责任感。一个人责任感的强弱，决定了他对待生活、学习是尽心尽责还是浑浑噩噩，而这又决定了他做事情的态度。如果生活、学习中对待每一件事都是"Book of stop here"，出现问题绝不推脱，而是设法改善，那么你将赢得足够的尊敬和荣誉。

当我们对学习、生活充满责任感时，就能从中学到更多的知识，积累更多的经验，就能从过程中找到快乐。这种习惯或许不会有立竿见影的效果，但可以肯定的是，当懒散敷衍成为一种习惯的时候，做起事情来往往就会不诚实。这样，人们最终会轻视你，从而轻视你的人品；粗劣的态度，就会造成粗劣的生活。

（二）责任感，是战胜诸多困难的强大力量

责任感会使我们有勇气排除万难，甚至可以把"不可能完成"的任务完成得相当出色；失去责任感，即使是做我们最擅长的工作，也会做得一塌糊涂。缺乏责任感的人，不会重视别人的利益，也不会因为自己的所作所为影响到别人而感到不安，他们总是推卸责任，这样的人在别人眼里是一个不可靠、不可信任的人。对待人和事，是充满责任感，尽自己最大的努力还是敷衍了事，这一点正是人与人之间的分水岭。

（三）不找借口，为自己的功课负责

在学业中，我们常常为自己未完成作业或未考取好的分数找借口，例如，"昨天没有人告诉我老师留了什么作业呀""作业本丢了找不到了""这次考试老师出的题太难了""我会的老师都没考，考的都是我不会的"……只要刻意去找，借口总是有的！久而久之，我们习惯用借口来掩饰过失，推卸本应承担的责任，终于，借口成为一面最好的挡箭牌！

我们在学业学习中，总是会遇到挫折，我们是知难而进还是为自己寻找逃避的借口？出现问题是积极、主动地加以解决，还是千方百计地寻找借口？事情一旦办砸了，我们总能找出一些冠

冠冕堂皇的借口，心理上得到暂时的平衡。但长此以往，因为有各种各样的借口可找，人就会疏于努力，不再想方设法争取成功，而把大量时间和精力放在如何寻找一个合适的借口上。

借口是一种不好的习惯，一旦养成了找借口的习惯，我们的学业学习就会拖沓、没有效率。任何借口都是推卸责任，都是不负责任，都是在逃避。在责任和借口之间，选择责任还是选择借口，体现了一个人的工作态度和责任心。有了问题，特别是难以解决的问题，可能让你懊恼万分，这时候，有一个基本原则可用，而且永远适用，这个原则非常简单，就是立即面对，马上行动，永远不放弃，永远不为自己找借口。

美国西点军校里有一个广为传诵的悠久传统，就是遇到军官问话，有四种回答："报告长官，是！""报告长官，不是！""报告长官，不知道！""报告长官，不找任何借口！"除此之外，不能多说一个字。"为什么不把皮鞋擦亮？"如果回答："哦，鞋脏了，我没时间擦……"这样的回答得到的只能是一顿训斥。我们要的只是结果，而不是喋喋不休、长篇大论的辩解！既然没有擦鞋，就应该这样回答："我马上擦鞋，以后绝不出现这样的事情。"

其实，我们在学习中并没有太多难以解决的问题，绝大多数是类似"鞋脏了没有擦"这样没有尽到责任的举手之劳的小事情。而往往正是由于我们责任心不强（并不是没有能力），没有把这些小事做好，点点滴滴，积累起来，就形成和产生了较大的不良后果。

二、"负责"好品格故事汇

责任使然，不惧艰险

钟南山，这位屡创医学奇迹的呼吸病专家，这位在天冷要把听诊器焐热了才给病人听诊的仁爱长者，当致命的疫病袭来时，毅然挑起重担，站到了抗击病魔的第一线。当有关部门宣布"非典"疫情得到有效控制的时候，钟院士站出来说："疫情是得到有效遏制而不是控制，本身的病原搞不清楚，传播途径搞不清楚，疫情怎么能得到有效控制呢？现在疫情是得到了很大程度的遏制。"而当民众谈"非"色变时，钟南山又一直呼吁大家用正确的态度来对待。从2002年底开始，钟南山这个名字就与非典型肺炎联系在一起，他曾经因抢救病人，开会研究病情……一连38小时没合过眼！作为广东省非典型肺炎医疗专家组组长，他参与会诊了第一批非典型肺炎病人，并将这种不明原因的肺炎命名为非典型性肺炎，逐步摸索出了一套行之有效的治疗方案，大幅提高了危重病人的成功抢救率，降低了死亡率，明显缩短了病人的治疗时间。他主持起草了《广东省非典型肺炎病例临床诊断标准》，并提倡国内国际协作，共同攻克SARS难关。

这一次新型冠状病毒肺炎爆发时，又是钟老不辞辛劳、不惧危险地连夜赶往疫情的中心，他在高铁上的那张短暂闭目休息的照片，让每一位中国人既感动又心疼。作为一名中国工程院院士，从接触第一例"非典"病例开始，他就以一个具有高度责任感的战士形象出现在民众和媒体的面前。

智慧之光：这样做不是因为执着，而是因为值得。

资源链接

让孩子对自己的生命安全负责
——10道"保命"题，务必考孩子——

问题1 你一个人去上学，走到半路，有叔叔喊你名字，说："你爸爸让我送你上学，快上车。"你怎么办？

——面对陌生人，孩子通常会表现出迟疑，但也可能禁不住诱惑。我们要提醒孩子千万不能上陌生人的车，感谢后果断拒绝"我自己走着去，我快到了。"如果发现车还是跟着你，走向大路上人多的地方，或者向路人求助。

问题2 你一个人放学回家，面前有个怀孕的阿姨哭着说："我肚子疼得走不了了，我家就在前面不远，你把我送回家吧。"你怎么办？

——我们要告诉孩子：如果陌生人只是问路，你可以给他指路，但一定不要引路。你需要把更进一步的任务交给身边的成年人，你可以说"你去找那个阿姨/叔叔吧"，或者直接说"我帮你叫警察"。

问题3 有陌生叔叔去学校接你，喊你的名字说："我是你爸爸的同事，你爸爸出事了，你快跟我去看看。"你怎么办？

——面对这种突发事件，我们首先要告诉孩子，一定不要着急跟着来的人走，他说的话很可能是假的。如果你不认识这个叔叔，要请老师帮忙确认。此时，老师需要电话联系孩子的父母，经父母确认来人的姓名、长相、穿着、手机号码等信息，才可以让来人接走孩子。如果不能找老师帮忙确认，家长要告诉孩子待在校园或教室别动。

问题 4 你自己走在一条小路上，发现身后总有人跟着你，你怎么办？

——你要保持冷静，要往大路人多的地方走，可以向警察求助，或向附近商铺的店员求助，打电话联系父母。

问题 5 在路上，高年级学生把你围住，向你索要钱财，你怎么办？

——首先，有危险时要舍财保命，千万不要与其发生争执。其次，你要记住他们的服装、长相等特征，向老师和学校举报。不要往人少阴暗的角落里走。

问题 6 你一个人在家，有陌生人敲门说："我是查燃气表的，请你打开门，我看一下就走。"你怎么办？

——坏人来敲门，可能会编各种谎言，一定不要轻信，任何情况都不能开门。这时，你可以假装家里有人，大声喊爸妈，说有人敲门，把坏人吓跑。如果陌生人说是查水表、煤气表等，你可以告诉他们"我妈妈已经把门锁了，马上就回来，我现在打不开门"。

问题 7　你一个人在小区里玩，一个陌生的阿姨拿了好多好吃的给你，怎么办？

——面对美食，许多孩子都禁不住诱惑。我们要告诉孩子：许多坏人会在食物里面放药，吃了以后就会昏迷，醒来后就再也见不到爸爸妈妈了。所以，一定不能吃陌生人给的东西。如果陌生人一定要你吃，你应该马上回家或向小区里熟悉的长辈求助。

问题 8　妈妈让你在楼下等她，她上楼取东西。一个陌生的叔叔走过来，对你说："叔叔车里有好多玩具，快来看看。"你怎么办？

家长要切记，不要让孩子独自在外。如果短暂离开，我们应将孩子托付给信任的熟人，并嘱咐孩子：一定要待在这里，不能离开。你可以跟陌生人说："妈妈不让我去，她马上回来。"

问题 9　你和妈妈一起去商场，走散了，这时过来一个阿姨说："我带你去找妈妈"。怎么办？

——孩子和家长走散时往往会惊慌，到处找家长。我们应告诉孩子：如果有陌生人带你去找家人，你一定不要去，可向商场的工作人员寻求帮助。

问题 10　在游乐场里，你跟着一个小朋友从滑梯滑到太空舱，又从蹦蹦床跑到气垫床……玩了好一会，小朋友走了，你发现找不到妈妈了，怎么办？

——游乐场空间大，孩子可能玩久了才发现自己置身于一个陌生的地方，我们要告诉孩子：千万不要擅自走开，待在原处，可请附近的工作人员帮忙找父母。

三、体验活动（学校版）

【活动名称】抢救酷斯拉。

【活动人数】10～12人为一组。

【活动目标】帮助学生在团队关系中体验承担责任的重要性。

【活动导入词】我们是一群经过严格训练的探险队员，经过千辛万苦，终于在海拔3000米的高山上，发现一颗珍贵的恐龙蛋（酷斯拉蛋），我们的任务是将它搬移至特制的防护箱。但是，由于这颗蛋遭受辐射污染，因此，必须用科学家所研发的特制绳环搬运，才能避免感染。执行任务的安全规则如下。

【活动规则与流程】

1. 请先将绳环有次序地展开，绳子与绳子之间不要交叠。每一位成员至少拉一条绳子，若尚有绳子，可请某些人双手各拉住一条绳子。

2. 活动即将开始，请将手握在绳子末端的绳结上以免受辐射感染。活动过程中若有人犯规（拉在绳身上），那只手就算严重受伤，不能再使用。

3. 请队员设法将酷斯拉蛋（乒乓球）移到绳环中间，并合力将蛋放到距离此地4米处的一个防护箱内（纸杯）。将蛋移至绳环上及将蛋从绳环上放入防护箱的过程中，不得用肢体接触到酷

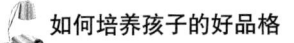

斯拉蛋，只能用绳子及扣环碰触。

4. 将蛋移至杯子内才算完成任务；杯子不可移动，在过程中若球掉落，即在掉落处重新开始。

5. 若团队很快完成任务，可以在赞美、肯定成员后，随即拿出生鸡蛋，按照上述的规则再进行一次。

【带领技巧与注意事项】

1. 为了让学生专心听规则说明，建议让他们先将绳子有次序地展开后再讲解。

2. 由于"生鸡蛋"的任务对团队成员间的压力、责任、情绪、沟通、协调上深具挑战，因此，需评估团队的凝聚力能否胜任，再决定是否实施这个进阶活动。

3. 蛋即将掉入杯中前，注意杯子是否不稳，从而使鸡蛋进去后又滚出杯外，带领者可用手扶住杯子确保蛋的安全。

4. 如果蛋不小心破掉，建议先进行引导反思，若有时间再拿另一颗重做一次。

	引导反思——整理活动经验与提升
A	在刚才的任务中，令你印象最深刻的事情是什么 例如：某人的笑声、担心紧张的情绪、欢呼声、建议的声音、解决问题的方式等
B	从刚才的活动中，你发现团队的优点有哪些？请每人讲一个
C	完成任务的过程中，如果许多人都放掉绳子，会有什么结果
D	刚才每一位都很尽责地拉住绳子，就你扮演的角色，请用手指头比出1~10的数字，评估自己在活动中承担责任的指数是多少？为什么

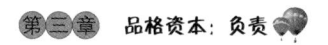

续表

	引导反思——整理活动经验与提升
E	目前生活中,你觉得扮演最重要的角色是什么?它要承担什么责任
F	如果"抢救酷斯拉蛋"象征真实生活的一项任务,拉绳子的方式好像个人在团队中承担的重要职责,就刚才的成功经验,你觉得"负责的表现"能为自己与团队带来什么益处

四、行动学习单

(一)我的角色与责任

你目前扮演哪些角色?必须向谁负责?

□ 儿/女　　　负责对象:＿＿＿＿＿＿＿＿＿＿＿＿＿＿＿＿＿

□ 学生　　　　负责对象:＿＿＿＿＿＿＿＿＿＿＿＿＿＿＿＿＿

□ 公民　　　　负责对象:＿＿＿＿＿＿＿＿＿＿＿＿＿＿＿＿＿

□ 班级干部　　负责对象:＿＿＿＿＿＿＿＿＿＿＿＿＿＿＿＿＿

□ 社团干部　　负责对象:＿＿＿＿＿＿＿＿＿＿＿＿＿＿＿＿＿

□ 夫妻/父母　 负责对象:＿＿＿＿＿＿＿＿＿＿＿＿＿＿＿＿＿

□ ＿＿的朋友　负责对象:＿＿＿＿＿＿＿＿＿＿＿＿＿＿＿＿＿

□ 其他　　　　负责对象:＿＿＿＿＿＿＿＿＿＿＿＿＿＿＿＿＿

（二）我愿意学习负责（可多选，并请分享）

1. 负责的益处有哪些？（可多选，并请分享）

☐ 得到他人的信任

☐ 有机会负起更多的责任

☐ 让自己有更多的成长

☐ 增进人际关系

☐ 有勇气接受不同的挑战

☐ 其他＿＿＿＿＿＿＿＿＿＿＿＿＿＿＿＿＿＿＿＿＿＿

2. 在负责的品格上，我需要学习的方面有哪些？（可多选，并请分享）

☐ 遵守诺言

☐ 不找借口

☐ 清楚指责，尽到自己的责任

☐ 知错能改

☐ 尽全力做好自己的任务

☐ 愿意负起自己健康的责任（例如，吃早餐）

☐ 正常作息

☐ 为自己的功课负责

☐ 为自己一切的动机、行为、言语、思想、态度负责任

☐ 其他＿＿＿＿＿＿＿＿＿＿＿＿＿＿＿＿＿＿＿＿＿＿

五、体验活动（家庭版）

【活动一名称】自制万花筒。

尝试做一个万花筒，拿这个有趣的玩具，看看你周围的世界吧，转一转万花筒，看到的东西可漂亮了！

【活动时长】60分钟以内。

【材料准备】

1. 三面镜子。

2. 三角形的透明纸（若干）。

3. 胶带。

4. 万花筒内的小装饰（珍珠、花瓣、小草、五彩纸屑）。

【场地要求】室内。

【活动目标】

1. 在采购材料和制作万花筒的过程中，培养孩子的责任感。

2. 做好的礼物将送给谁？

3. 家长需在活动进行中和活动结束后，用欣赏、鼓励的语言，对孩子在全程参与中体现的品格予以提炼和表达（负责，是对自己的情绪、思想、动机、行为、态度、语言、结果进行负责，家长可根据以上提示进行提炼）。

【活动步骤】

1.将三面镜子用胶带从背面粘住,中间留出缝隙(这样才能把它们折到一起)。

2.合上镜子,围成三角形,看看怎样才能出现很多个影像,找到正确的方法后,用胶带粘好镜子。

3.把三角形透明纸粘在镜子的一头,别忘了将纸边折起,固定在镜子边缘上。

4.从万花筒的另一头,把所有的小宝贝放进去,万花筒就做好了。

【注意事项】

1.家长注意在活动完成过程中对孩子的安全陪护。

2.观看的时候,一定要把万花筒向下倾斜。

【活动二名称】家有小管家。

【活动时间】5分钟。

【场地要求】室内。

【准备材料】无。

【活动过程】让孩子成为今天家里的小小管家,将负责检查家里垃圾是否清理、厨房的煤气是否关好、卫生间的水龙头是否关好、不用的电源是否关闭、睡觉前门窗是否关好……当孩子做完"安全巡查"后,由家长给孩子反馈,反馈的语言,例如:"咱家里的小小管家,为咱家的安全做了负责的表率,对过程中的认真、负责点赞!"

【要求】

1.过程中家长需全程陪伴进行。

2. 中途不催促、不打断，多鼓励、多引导。

3. 家长可事先打印一份"安全巡查"清单，孩子每检查完一项，在后面打√（增加仪式感）。

4. 此活动可长期进行，也可逐渐增加"负责清单"，例如，书桌是否整理、书包是否整理、当天的脏衣物是否放入洗衣篮、明天要穿的衣服是否准备好等。

六、21天学生品格养成日记

第一周							
"负责"好品格日记：知道对他人的承诺，并付诸行动							
具体行动	本周曾经实践的项目，请打√						我的心情点滴
	一	二	三	四	五	六	日	
完成师长或父母交予我的任务（例如：家庭作业、打扫卫生、自我卫生等）								
负起照顾自己健康的责任（例如：充足的睡眠、每天吃早餐等）								

续表

第一周							
"负责"好品格日记：知道对他人的承诺，并付诸行动							
具体行动	本周曾经实践的项目，请打√						我的心情点滴
	一	二	三	四	五	六	日	
遇见困难时，我愿意坚持到底，不轻易放弃								
遵守对他人的承诺（例如：守时、守约等）								

第二周							
"负责"好品格日记：知道对他人的承诺，并付诸行动							
具体行动	本周曾经实践的项目，请打√						我的心情点滴
	一	二	三	四	五	六	日	
完成师长或父母交予我的任务（例如：家庭作业、打扫卫生、自我卫生等）								
负起照顾自己健康的责任（例如：充足的睡眠、每天吃早餐等）								
遇见困难时，我愿意坚持到底，不轻易放弃								
遵守对他人的承诺（例如：守时、守约等）								

第三周							
"负责"好品格日记：知道对他人的承诺，并付诸行动							
具体行动	本周曾经实践的项目，请打√						我的心情点滴
	一	二	三	四	五	六	日	
完成师长或父母交予我的任务（例如：家庭作业、打扫卫生、自我卫生等）								
负起照顾自己健康的责任（例如：充足的睡眠、每天吃早餐等）								
遇见困难时，我愿意坚持到底，不轻易放弃								
遵守对他人的承诺（例如：守时、守约等）								

七、21天父母教子周记

第一周	本周曾经实践的项目，请打√
1. 我本周没有把不好的情绪带回家，我努力创造轻松快乐的家庭氛围	
2. 我本周经常专心陪伴孩子40分钟以上（倾听、玩耍、讲故事……）	
3. 我本周经常使用肯定、鼓励的语言和孩子平等沟通	

续表

第一周	本周曾经实践的项目，请打√	
4. 我本周和孩子一起做过户外活动：运动、玩耍、散步等		
5. 我本周发现了孩子的优点，并及时给予肯定和夸奖		
6. 我本周有拥抱孩子，并说爸爸/妈妈爱你		
7. 我本周没有当着孩子面，对爱人（家人）发脾气		
8. 我本周对爱人（家人）说了爱、赞美等正能量的话		
9. 我本周用心陪伴父母或给父母打电话问候		
10. 自我点评，我本周：		

第二周	本周曾经实践的项目，请打√	
1. 我本周没有把不好的情绪带回家，我努力创造轻松快乐的家庭氛围		
2. 我本周经常专心陪伴孩子40分钟以上（倾听、玩耍、讲故事……）		
3. 我本周经常使用肯定、鼓励的语言和孩子平等沟通		
4. 我本周和孩子一起做过户外活动：运动、玩耍、散步等		
5. 我本周发现了孩子的优点，并及时给予肯定和夸奖		
6. 我本周有拥抱孩子，并说爸爸/妈妈爱你		
7. 我本周没有当着孩子面，对爱人（家人）发脾气		
8. 我本周对爱人（家人）说了爱、赞美等正能量的话		
9. 我本周用心陪伴父母或给父母打电话问候		
10. 自我点评，我本周：		

第三周	本周曾经实践的项目，请打√
1.我本周没有把不好的情绪带回家，我努力创造轻松快乐的家庭氛围	
2.我本周经常专心陪伴孩子40分钟以上（倾听、玩耍、讲故事……）	
3.我本周经常使用肯定、鼓励的语言和孩子平等沟通	
4.我本周和孩子一起做过户外活动：运动、玩耍、散步等	
5.我本周发现了孩子的优点，并及时给予肯定和夸奖	
6.我本周有拥抱孩子，并说爸爸/妈妈爱你	
7.我本周没有当着孩子面，对爱人（家人）发脾气	
8.我本周对爱人（家人）说了爱、赞美等正能量的话	
9.我本周用心陪伴父母或给父母打电话问候	
10.自我点评，我本周：	

八、扩展阅读：教子有方

孩子拿手机玩游戏不学习怎么办（一）

"手机"和"学习"这两者究竟怎样才能达到一种平衡关系，相信是当今很多父母都深感困惑和不知所措的。有一位妈妈曾跟我这样说道:"我的孩子今年上小学3年级,最近很迷恋手机,稍一有空就会拿起手机或者平板电脑玩个没完。后来,我把手机和平板里的游戏都删了。现在他就玩微信小程序里的游戏。这次语文第一单元考试考得乱七八糟,还说'现在只要考60分就知足了'这样气人的话。因为我们从书中看到说要对孩子无条件地接纳,但看着孩子抱着手机玩游戏的样子和他糟糕的分数,我们又真是气不打一处来,眼下我们真的不知道该怎么说、怎么做才好了!"

手机问题,现在可以说是一个非常棘手的热点问题,从这位母亲的提问中,我判断她的孩子一定不是"最近"才迷恋手机的,而是孩子不仅在学习成绩上开始猛烈下滑,同时还有对待学习的态度也不端正了,她才觉得手机是个大问题了。这是很多父母普遍会犯的一个错误——即认为只要没影响学习,手机就大可不必进行什么规范管理。但往往很多隐患就蕴含在父母这种认识的误区里,一旦问题爆发,往往会束手无策。

此时,我认为这位妈妈的心态是这样的:现在急于想阻止孩子玩手机,端正学习态度,进而迅速地把成绩提上去。那么,在解决问题上就一定要有一个先后顺序,因为不是不让孩子玩手机,孩子学习成绩就自然会提上去,要把"怎么逐步禁止孩子碰手机、玩游戏"和"如何逐步提高孩子学习成绩"这两件事分步骤地进行。我的经验是,很多父母此时开始逐步禁止孩子玩手机后,孩子必然会有一段时间和家长的"对抗期",从心理上和行为上都会有或多或少对抗的表现。

在这个对抗期里,孩子的学习成绩也不一定就会有好转,因为，此时孩子的精力更多的是放在了和父母的情绪对抗上，很难如父母所想的那样就顺理成章地投入到学习中。这段对抗期是不可避免的，至于对抗期的时间会有多长，则很大程度上取决于父母坚持的态度和技巧。父母不必过于紧张和灰心，因为这是事情走向好转的必经之路，父母一定要有足够的认识和准备。

那么，究竟要如何做呢？首先，父母要建立一个共同且不可动摇的观点——对孩子使用手机必须进行规范化管理，这一点成年人（父母）之间如果不能达成一致，那接下来的一切行动都可能是空谈。在这个原则问题上，父母的态度是可以强硬一些的。虽然态度上强硬，但具体的执行方案，孩子和父母可以进行几轮"讨价还价"，这与妈妈们去店里买衣服，店家标出价格的同时也留出了给顾客还价的空间是一个道理。

当然，即便父母对孩子给出了如此明确的态度和信息，执行起来也依然会有不小的难度，孩子此时很有可能会升级他的对抗形式，可能会耍脾气、不讲理、胡搅蛮缠，甚至还有用不吃饭、不做作业、不起床、不睡觉、不上学等方式全方位"威胁"父母，这就进入了"战役"的相持阶段，也是最需要父母咬紧牙关、携手共同支持彼此的时候，千万不要被孩子的这些情绪和行为表现给要挟了，因为规范管理孩子的手机是原则，是父母必须对孩子实行的一项必要举措。

如果成年人（父母）之间非但不能统一思想，还要相互推诿指责对方，孩子一定会乘虚而入，以各种形式讨好那个对他更有利的人，心一软，孩子就"得逞"了，得逞之后父母就更无法实施有效管理，因为父母一旦再想管理孩子的手机，甚至是规范孩子的其他问题，孩子基本上都会如法炮制，父母就彻底失去了对孩子的管理能力和主动权。完全进入孩子的思想轨道——被孩子牵着走，这是最糟糕的局面，不仅会毫无意义地大量消耗父母的养育精力，孩子也会成为这其中的"受害者"。

孩子拿手机玩游戏不学习怎么办（二）

接着我们上一篇课程的内容，在处理和解决这个问题上，我们首先自己要明确目标、调整心态、做好准备。

那么要如何准备呢？成年人（父母）之间一定要提前商量且达成一致，切记不要单方面行动。因为孩子如果在妈妈这边受阻，自然就会把突破口转向爸爸，或者是爷爷奶奶、外公外婆，如果此时成年家庭成员之间相互不知道情况，不清楚意图和方向，就难免会出乱子。无论最后孩子"得逞"与否，对于夫妻感情也好、婆媳关系也好，都会产生不小的误解与矛盾，而这些矛盾，也不可避免地会再次因为孩子的其他问题出现而升级、激化。

请记得一句话："不能达成一致，就不要贸然行事。"

先规范孩子使用手机的时间，再来想办法提高孩子的学习成绩。这个步骤父母思路要清晰，不要幻想着用一个"招儿"，或是单纯地通过呵斥、训教、讲道理的方式，就能快速地把这些问题都解决掉。

通常父母越是急功近利，就越是容易自乱阵脚，孩子一次次钻了空子，父母也一次次败下阵来。在"对抗期"和"相持期"结束后，孩子的精力会自然地转移回到学习上，而此时父母最容易犯的错误就是看不到孩子的进步，不满足甚至是不接受孩子的学习成绩是要逐步回升的这个事实，开始不断地给孩子施压、加码、提要求。这个时候父母一旦这样做了，就必将再次迎来一个新的"对抗期"，而这次孩子对抗的方式和激烈程度，多半会大大超出父母的想象。

接下来，我们把目光拉回到上一篇章的开端，这位妈妈的留言提问中还有一句非常关键的话，就是"因为我们从书中看到说要对孩子无条件地接纳，但看着孩子抱着手机玩游戏的样子和糟糕的分数，我们又真是气不打一处来"。没错，就是这个"无条件接纳"。过往的经验告诉我们，很多父母在养育孩子的过程中，都被这个看起来很熟悉，但其实又很陌生的词汇给束缚和误导了，甚至认为无条件接纳，就等于允许孩子的一切行为，哪怕是那些看来是不能认同和难以接受的，把"无条件"理解为"无限度"，把"接纳"则演绎成了"纵容"，这无疑是父母自己给自己挖了一个巨大的养育认知陷阱。

"无条件接纳"这个词语本没有错，它的本意是提醒父母不要把孩子行为表现的优与差，当作是否爱这个孩子的唯一衡量标准。要接纳的，是"每一个孩子都会犯错，也拥有犯错的机会和权利"这个自然规律和法则，尽量不要以生硬武断的语气过度质问、责骂孩子为什么犯错，以及更不要使用暴力武力的行为过度责罚、处罚犯错后的孩子。这个词语在最大限度地提醒父母不要总是用这种绝对化、过激化的方式看待、对待孩子和解决问题。

人非圣贤孰能无过，知错可改则善莫大焉。在这个认识的基

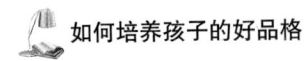

础上，父母再进一步想办法逐步规范孩子的偏差行为，而不是毫无准备、无所作为的所谓"静待花开"。

爱孩子，是无条件的，是血浓于水的天然伦理。

养育孩子，是有方法的，是运用技巧不断地学习。

第四章

品格资本：专注

一、动机激发,让专注品格持久发光

(一)专注力创造高情商

专注力,又称注意力,指一个人专心于某一事物或活动时的心理状态,以全神贯注的态度表达对他人及事物的重视。

当我们还是胎儿在母腹中被孕育的时候,耳朵是五官中最先开始发生功用的,而耳朵也是人离世时最后丧失功能的器官,所以,耳是五感之中最为重要的通道。古有文字"聽",其书写口诀为"耳"为王,十目一心,可见用耳接收信息全心全意方能正确解读其含义,听的质量直接显现情商的高低。

那什么是情商呢?情商,是区分自己与他人情绪的能力,调解自己与他人情绪的能力,运用情绪信息去引导思维的能力。简单说,"情商管理的能力,是一种准确觉察、评估和表达情绪的能力,是一种接近并产生感情,以促进思维的能力,是一种调解情绪,以帮助情绪和智力发展的能力。"

情商在小学1~3年级是极佳且重要的黄金培养时段。

情商大致在五个方面得以体现,可作为我们衡量的大致标准。

1. 自我觉察情绪,对自己的情绪变化有较清楚的了解(例如，当我们生气、愤怒时，能马上意识到自己的失态）。

2. 驾驭心情，尤其在坏心情不期而至时，能很快冷静下来，甚至从另一个更加积极的角度重新审视它。

3. 自我激励，前进时富有激情和目标，摔倒时能很快爬起来。

4. 了解他人的情绪，也就是能想人所想、忧人所忧。

5. 人际关系中的艺术和技巧（例如，第一次见面就能牢牢记住别人的名字）。

情商分为两大区域："人际智力"和"自知智力"。人际智力，能够认识他人的情绪、性情、动机、欲望，并作出适度的反应；而自知智力则能够根据自己的感受，规范个人行为。

专注聆听对方所说的话，便是最直接地表达了对对方的尊重，它让我们集中精神、细心观察、认真聆听，始终保持一种谦逊的心态。

所以，教导孩子专注的品格，并帮助他们体验专注带来的益处，将有助提升其在学习中面对知识的态度、消化知识的速度和运用知识的水准，朝着设定的目标全力以赴。同时，改善人际关系，为孩子与同伴、老师、父母之间的相处交往，提供良性助力。

（二）专注力，是一切学习的基础

意大利著名教育家蒙台梭利曾说：专注力，是一切学习的基础。专注力越好，学习效率越高，学习成绩提高越快；反之，专注力差，无论怎么做，成绩都很难有所提升。我们曾经做过一个实验,将班级里的学生分为两组进行观察,一组是成绩较差的,一组是成绩优异的。观察一段时间后发现,成绩较差的学生,经常分神,即使老师和家长在旁边盯着,也无法认真专注地学习;而成绩较优异的学生,无论是在学校还是在家里,学习上的专注力都非常强,往往一坐两三个小时不受外界打扰。

最后,我们得出结论,影响孩子学习效果的最大因素是:学习时的专注力。

其实,只要我们细心观察周围"别人家的孩子",就不难发现,他们并不一定更聪明更努力,之所以能学什么都快,学什么都能学好,绝大部分原因是他们够专注。

(三)对专注力的认识误区

"天才,首先是注意力。"在接触了很多为孩子专注力而苦恼的家长后,我们发现,这些家长或多或少都对孩子的专注力存在着认识上的误区和解读上的误解。

第一,很多家长认为孩子是故意不专心,所以必须给予训斥、发火甚至是打骂孩子。

其实,专注力是一种能力,如果孩子没有大人督促只能专注5分钟,那5分钟就是孩子目前的专注时长极限;如果孩子现在能专注20分钟,那20分钟就是孩子目前的专注时长极限。专注力保持时间的增加,是需要通过训练来逐步提高的。

第二,孩子不专心是因为年龄小、贪玩。

其实每个年龄段都有该年龄段专注力的正常水平,如果孩子低于这个正常水平,就是专注力不足。

各年龄段孩子注意力保持的正常时长	
1岁以下的孩子	集中注意力的时间不超过15秒
1岁半的孩子	对感兴趣的事物可以集中注意力5分钟以上
2岁的孩子	集中注意力的平均时间大约为7分钟
3岁的孩子	平均为8分钟
4岁的孩子	平均为12分钟
5岁的孩子	平均为14分钟
小学低年级的孩子	一般可以集中注意力在20分钟左右
10～12岁的孩子	一般可以集中注意力在25分钟左右
12岁以上的孩子	可以达到30分钟

孩子年龄越小，专注力越容易改善，如果家长一味等待，想着长大了就好了，只会造成相反的效果。大量案例证明，75%以上孩子的专注力在训练的最佳时期没有得到改善和增强，到了青春期，专注力差的问题更加凸显，对孩子在学业上的负面影响也越来越大。

第三，不爱学习所以不专心，因为孩子看电视、玩手机都可以专注很长时间。

这是巨大的误区！看电视、玩手机属于信息的被动输入，不需要刻意专注，就能轻松地接收信息，所以，孩子在看电视的时候，注意力反而是比较涣散的，习惯了这种状态的孩子，就很难在像阅读书籍或学业学习这种要主动输入信息的事情上保持专心了。

训练注意力的4大核心要素	
持久性	让孩子专注时间变长
集中性	让孩子减少粗心大意
稳定性	让孩子增强抗干扰能力
转移性	让孩子从一件事转到另一件事时依旧能保持专心

二、"专注"好品格故事汇

陈毅吃粽子蘸墨汁

我们的开国元帅陈毅非常爱读书，常常把书带在身边，有空就看上几页，如果发现了一本好书，他简直是如获至宝，读起来常常是废寝忘食。

有一次，陈毅到一个亲戚家过端午节，进门后，看见桌子上有一本自己找了很久都没找到的书，于是，他忘了走几十里路的疲劳，立即躲到一个空房间里专心致志地读起来。他一边看，一边用笔摘录重要章节，到了吃饭的时候，亲戚几次来请他，他都舍不得把书放下。亲戚见他这样用功，不忍再打扰他，就把糖和粽子给他端去。陈毅的全部注意力都集中在书本和摘录上，粽子本来是蘸糖吃的，可他竟把粽子伸到书桌上的墨砚里蘸着墨汁往嘴里送，一连吃了两个粽子，竟然没有品出异味来。过了一会儿，亲戚又给他端来面条，见他满嘴是墨，便招来家人看，大家见了都忍不住大笑起来。陈毅起初不知众人在笑什么，他用手抹了一下嘴巴，见手上沾了很多墨汁，才知道自己误吃了墨汁，他诙谐地对大家说："吃了墨没关系，我正觉得我肚子里的墨水太少呢！"

智慧之光：读书本是苦的，就如同这墨汁的味道。但倘若你专注到这知识的海洋中，苦也能变成甜！

资源链接

圆圆毕竟是孩子，时间稍长，就又开始在写作业方面有些懈怠。距离第一次忘记写作业大约十天后，圆圆又一次忘了写作业。

本来那天准备睡觉的时间就比平时晚，她想起来作业忘了写，说今天的作业留得多，得写好长时间，说着又愁得要哭。我们还是采取和前一次大体相同的方法，宽慰过她后，把她一人留在书桌前，就去睡了。

可能很多家长遇到这种情况会不忍心，觉得自己陪在孩子身边，孩子会有安慰，会写得更快更好。但那样有几个坏处，一是孩子会在家长面前刻意表现他的痛苦，博得家长同情，这既影响他写作业的专注，又影响速度；二是家长陪写，会让他觉得不完成作业至少不是他一个人的事，是他和家长共同的事，时间长了，会在心理上对家长形成绑架，养成依赖心理，不利于孩子自我责任意识的形成；

三是家长坐在旁边多半会忍不住唠叨几句，不论是略有不满地说"赶紧写吧，谁让你又忘了呢"，还是善意地提醒"以后回家好好记着写作业，不要再忘了"，或者是看孩子开始磨洋工，忍不住督促"快点写，你看都几点了"，所有这些话对当时的孩子来说都没有意义，还弄得孩子烦。所以，即使你有时间，也不要陪他，即使你当时还不想睡觉，也要假装去睡，情绪上要和平时没有两样，千万不要指责孩子。

有的家长可能会说，"我可没有你那么好的脾气，我一看见孩子没写作业，火就上来了"。那么，我要说，如果家长在对待孩子的问题上从不去认真地思考，不去理性地处理，只是凭性情做事，一遇到问题就着急，一着急就发脾气，这只能说明你是个任性的家长。一个任性的家长，怎么可能不培养出一个任性的孩子呢？

那天圆圆确实写得比较晚了，我们一直竖起耳朵听她的动静，到她睡觉时都快十二点了。我们很心疼她睡这么晚，明天还得早起。但这也是她成长中应该体验的"功课"，她从中一定能学到东西。我们并不觉得她忘了写作业是件坏事，倒觉得是个教育契机，可以促成圆圆自觉意识的养成和学习习惯的培养。

确实，在我们的印象中，圆圆自那以后，再没发生过临睡觉时才想起写作业的事。她很快就学会了安排时间，有时在学校就能抓紧时间完成不少作业，回家后一般也写得很快。

> 家长应该记住这一条:在培养习惯的过程中,如果总是制造孩子的主动性和成就感,他就会在这方面形成一个好的习惯;如果经常让孩子有不自由感和内疚感,他就会在这方面形成坏习惯。
>
> ——尹建莉:《好妈妈胜过好老师》,作家出版社,2009年版

三、体验活动(学校版)

【活动一名称】布娃娃的世界。

【活动人数】10～12人为一组。

【活动目标】培养学生的专注力。

【活动导入词】今天这几个布娃娃要环游世界,他们希望认识每一个好朋友,当布娃娃到达你这里的时候,请大家协助他安全地环游世界一圈。

【材料准备】

1. 布娃娃4个。

2. 大气球一个。

3. 一元硬币一枚。

【活动规则与流程】

1. 大家轮流介绍自己的名字。

2. 安排一个人先开始丢出布娃娃，并要说"我是×××，要将布娃娃丢给×××"。接到的人接着要说"谢谢×××，我要将丢给×××"。

3. 丢过的人不可以再接，且不可以丢给紧挨着自己左右两边的人，请尽量将布娃娃丢给对面的伙伴。

4. 每个人都轮一遍以后，最后将布娃娃丢回给第一个人，此时，第一个人要说"谢谢×××"才算完成。

5. 经过一次练习，确认次序后正式开始，活动过程中若有漏接或落地的情况，就要重来，直到完成任务为止。

6. 一个娃娃成功后，接下来连续丢两个娃娃，成功后再连续丢出三个娃娃。

7. 最后一次准备第四个娃娃，按照游戏规则与口令，按反次序方向丢出，最后四个娃娃集中到第一个人身上才算成功。

【带领技巧与注意事项】

1. 注意大家的情绪状况，及时喊停或给予鼓励。
2. 带领大家增加速度，提高难度。

引导反思——整理活动经验与提升	
A	当你刚刚抛接的时候，你的专心指数是多少？1～10，请用手指表示出来
B	为什么大家的速度会越来越快呢？进展会越来越顺利呢
C	全神贯注的专注帮到了你吗

【活动二名称】准确度大作战。

【活动规则与流程】以测验方式进行游戏，强调务必依照测验卷上的指示作答，声明测验限时三分钟完成，看谁作答最快速准确。

1. 请读完测验卷再做。

2. 在这张纸的右上角写下自己的名字。

3. 在这张纸的右下角写上性别。

4. 我最喜欢吃的水果是：＿＿＿＿＿＿＿＿＿＿＿＿＿＿

5. 在这张纸的左上角画五个正方形。

6. 在刚才所画的正方形中各画一个十字。

7. 在正方形的四周画一个圆圈。

8. 请在这纸的左下角画一个十字。

9. 把刚才所画的十字周围加上一个三角形。

10. 写出小学校名：＿＿＿＿＿＿＿＿＿＿＿＿＿＿

11 计算一下 70×30 的答案是：＿＿＿＿＿＿＿＿＿＿＿＿

12. 在这张纸的背面计算 23+32，再加 23 的和是：＿＿＿＿＿

13. 从上一题的答案减去 13，再减 23 等于：＿＿＿＿＿＿＿

14. 将本测验偶数题号用圆圈圈起来。

15. 将本测验单数题号用三角形圈起来。

16. 写出你的身高：＿＿＿＿＿厘米。

17. 现在你已仔细地读完了，请只做第一、第二题的题目。

	引导反思——整理活动经验与提升
A	当你发现犯错误时,你有什么感觉
B	为何会犯错?哪些因素导致犯错
C	为什么有时不容易专注地阅读并配合指示

四、行动学习单

(一)我可以更专注

　　做什么事　　　　分心原因　　　　如何专心

例:<u>写功课</u>　　<u>电视声音、想玩电脑</u>　<u>把电视、电脑关掉</u>

1._____　　_____　　_____

2._____　　_____　　_____

3._____　　_____　　_____

(二)我愿意学习专注(可多选,并请分享)

□ 在学校上课时,不和他人说话

□ 长辈对我说话时,我能放下正在做的事,专注地看着他,并注意听

□ 在家里做功课时,除非安排好休息时间,否则不看电视,

不玩游戏,不上网
□ 注意那些曾留意的小细节
□ 边听边思考
□ 能最大限度地利用有限的时间
□ 会试着记笔记

五、体验活动(家庭版)

【活动一名称】神耳训练。

【活动目标】训练孩子的听觉注意力和听觉记忆力。

【活动时长】10分钟。

【场地要求】室内。

【材料准备】笔、作业本、数字串。

【活动导入词】今天来检验一下你的听觉记忆力。要求只能用耳朵听,用心记,不能借助其他记录方法。听到我说"把答案写下"的指示后,你要静静地把自己心里的答案写在本子上,写好之后就不能改动了。记得听到我说"把答案写下"的指示后不要讲话,安静地写下自己的答案。看你能不能一次就听出答案。你准备好了吗?

【活动过程】

1. 请听我念一串数字,请你听一听这串数字中有几个"3"。

（家长念下面的数字串）

8395673102948576473499064817273949687869802934 86351

好，现在不要讲话，静静地"把答案写下"。（父母倒数5个数，代表孩子都写好了）

好，现在放下笔，不能做任何改动了。答案是多少？（让孩子自己说）

好，答案写"6"的请站起来（等待孩子的反应）。

好，现在公布答案是……"6"！站起来的孩子将获得一面小旗子。

2. 再听我念一串数字，请你听一听这串数字中有几个"5"。（父母念下面的数字串）

68473920193845849392035838468 25939487588

29345610395867794025939286259 4258702964

好，现在不要讲话，静静地"把答案写下"。（父母倒数5个数，代表孩子写好了）

好，现在放下笔，不能做任何改动了。答案是多少？（让孩子自己说）

好，现在公布答案是……"9"！请答对的起立，并将获得一面小旗子。

3. 没有得到小旗子不要气馁，还有机会！

好，我们加大难度，听我念一串数字，数一数这串数字中有几个"5"和几个"3"。（父母念下面的数字串）

84907095848173828949439607958 6263548596 0197162535

85938276475879028386860492573 4579193985754960196

第四章 品格资本：专注

好，现在不要讲话，静静地"把答案写下"。（父母倒数 5 个数，代表孩子写好了）

好，现在放下笔，不能做任何改动了。答案是多少？（让孩子自己说）

好，现在公布答案……有 12 个"5"，8 个"3"！请答对的起立，并将获得两面小旗子。

【注意事项】每一组数字串要一口气读完，速度可以根据孩子的程度调整。要给孩子更多的鼓励。

【活动二名称】撕"标签"。

【活动目标】给孩子积极的暗示，鼓励孩子正视自己的不足，下定决心想办法改掉自己的坏习惯。

【活动时长】10 分钟。

【场地要求】室内。

【材料准备】无。

【活动导入词】现在，我们一起来撕"标签"。

【活动过程】什么是标签？我们头上有没有被贴过"标签"？现在就撕去"注意力不集中"的标签。

现在，在椅子的前三分之二处坐着，双腿分开，放在地上，双手放在双腿上，上身坐正坐直，头部保持平视，慢慢闭上眼睛，慢慢调整自己的呼吸，不要让自己听到自己的声音，让呼吸变得缓慢、均匀……

现在，开始想象，在以往学习过程中，有时候你会听到有人说你，你就是注意力不集中！不管是父母、老师、同学还是其他人，每当你听到这句话，你就感觉好像有一张小纸条，这张小纸条上写着"你是注意力不集中的孩子"。这张小字条就好像贴在了你的额头上……你感觉凉飕飕的……

每当你听到有人这样说你，你都会感觉有这么一张小字条贴在了你的额头上……多少年了，一张又一张的小字条不断地贴在你的额头上，慢慢地，它们渗透到了你的大脑里，你感觉好像自己真的就是注意力不集中的孩子了。

现在，我们要把这些小字条通通地撕下来！你想象一下，所有的小字条都渗透出来，现在都在你的额头上，你好像能够从镜子里看到一样，你看到这些小字条都贴在你的额头上，你很厌烦这些字条，你开始撕下一张来，你看到还有，你就继续往下撕……不断地撕，全都撕得干干净净……现在，你把它们全都撕掉了，你感觉额头上很轻松，很舒畅。从此，你再也不是以前的你了！从此，你是一个注意力集中的好孩子！现在，你在心中对自己说，我从此就是一个注意力集中的好孩子了！

现在，我数三个数，我从3数到1，当你听到1的时候，睁开眼睛，当你睁开眼睛的时候，你就会感觉到你是一个注意力集中的好孩子。好！现在，我开始数数，3，你现在很清醒，2，1——现在和你身边前后左右的人握一握手，告诉他："我是一个注意力集中的好孩子！"

（刚刚做得非常好，奖励小旗子一面）

【注意事项】父母要注意读引导词的语速和声音的高度，尽可能让参与的孩子进入情境。

六、21天学生品格养成日记

第一周								
"专注"好品格日记：以全神贯注的态度表达对他人的重视								
具体行动	本周曾经实践的项目，请打√							我的心情点滴
	一	二	三	四	五	六	日	
与他人交谈时，眼神注视对方								
上课时，专心听讲或做笔记								
排除干扰，专心读书								
至少一次检视自己的生活目标								

第二周								
"专注"好品格日记：以全神贯注的态度表达对他人的重视								
具体行动	本周曾经实践的项目，请打√							我的心情点滴
	一	二	三	四	五	六	日	
与他人交谈时，眼神注视对方								

续表

第二周								
"专注"好品格日记：以全神贯注的态度表达对他人的重视								
具体行动	本周曾经实践的项目，请打√							我的心情点滴
	一	二	三	四	五	六	日	
上课时，专心听讲或做笔记								
排除干扰，专心读书								
至少一次检视自己的生活目标								

第三周								
"专注"好品格日记：以全神贯注的态度表达对他人的重视								
具体行动	本周曾经实践的项目，请打√							我的心情点滴
	一	二	三	四	五	六	日	
与他人交谈时，眼神注视对方								
上课时，专心听讲或做笔记								
排除干扰，专心读书								
至少一次检视自己的生活目标								

七、21天父母教子周记

第一周	本周曾经实践的项目，请打√	
1. 我本周没有把不好的情绪带回家，我努力创造轻松快乐的家庭氛围		
2. 我本周经常专心陪伴孩子40分钟以上（倾听、玩耍、讲故事……）		
3. 我本周经常使用肯定、鼓励的语言和孩子平等沟通		
4. 我本周和孩子一起做过户外活动：运动、玩耍、散步等		
5. 我本周发现了孩子的优点，并及时给予肯定和夸奖		
6. 我本周有拥抱孩子，并说爸爸/妈妈爱你		
7. 我本周没有当着孩子面，对爱人（家人）发脾气		
8. 我本周对爱人（家人）说了爱、赞美等正能量的话		
9. 我本周有用心陪伴父母或给父母打电话问候		
10. 自我点评，我本周：		

第二周	本周曾经实践的项目，请打√	
1. 我本周没有把不好的情绪带回家，我努力创造轻松快乐的家庭氛围		
2. 我本周经常专心陪伴孩子40分钟以上（倾听、玩耍、讲故事……）		

续表

第二周	本周曾经实践的项目，请打√	
3. 我本周经常使用肯定、鼓励的语言和孩子平等沟通		
4. 我本周和孩子一起做过户外活动：运动、玩耍、散步等		
5. 我本周发现了孩子的优点，并及时给予肯定和夸奖		
6. 我本周有拥抱孩子，并说爸爸/妈妈爱你		
7. 我本周没有当着孩子面，对爱人（家人）发脾气		
8. 我本周对爱人（家人）说了爱、赞美等正能量的话		
9. 我本周有用心陪伴父母或给父母打电话问候		
10. 自我点评，我本周：		

第三周	本周曾经实践的项目，请打√	
1. 我本周没有把不好的情绪带回家，我努力创造轻松快乐的家庭氛围		
2. 我本周经常专心陪伴孩子40分钟以上（倾听、玩耍、讲故事……）		
3. 我本周经常使用肯定、鼓励的语言和孩子平等沟通		
4. 我本周和孩子一起做过户外活动：运动、玩耍、散步等		
5. 我本周发现了孩子的优点，并及时给予肯定和夸奖		
6. 我本周有拥抱孩子，并说爸爸/妈妈爱你		
7. 我本周没有当着孩子面，对爱人（家人）发脾气		
8. 我本周对爱人（家人）说了爱、赞美等正能量的话		
9. 我本周有用心陪伴父母或给父母打电话问候		
10. 自我点评，我本周：		

八、扩展阅读：教子有方

培养阅读：一个决胜千里的好习惯

从这个年龄段开始，孩子的心理发展已经从"幼儿成长期"正式迈入了"少儿成长期"，这两个时期的其中一个最主要区别是在认知水平方面的进化，也就是说，进入"少儿成长期"的孩子开始形成了认识这个世界的基础思维框架。带有浓烈的"我觉得""我认为""我相信"的独立见解，并开始充分地显露出来。孩子开始以成句、成段甚至是成短文化的形式和父母分享开心与糟糕的心情、表达欢乐与不满的情绪、诉说激动与委屈的故事以及畅谈一些看不惯的和很欣赏的人、事物的观点，这就是孩子人生观、世界观、价值观搭建的初期雏形。

这是一个人的自然发展规律，已经开始不完全由成年人（父母）的意志为转移了，那么父母最优选的方式，依然是顺应孩子身心发展演变的规律，从而在教育和应对方式上做出相应、合理的调整。

此时，最好的引领孩子认识世界的路径，永远不是出现在父母口中频繁训教孩子的语言，也不是出现在手机和电脑前的那些让人捧腹大笑的长短视频，而是出现在书店和图书馆书架上的那些优选少儿刊物。例如，像《追风筝的人》《瓦尔登湖》这样的纯故事书，还有像《普通人改变世界》《鞋子里的盐》这样的少儿绘本以及像《我有一个梦想》这样的人物传记，类似这些优秀的书籍，不仅会有性格迥异的人物出现，还会包含着历史、地理、人文以及人性的暗淡与光辉，尤其是那些被翻译成很多种语言的少儿畅销读物，让孩子在认识世界原本还相当有限的宽度上，大大拓开他见识和想象的视角，而不是过于局限在他生活的小区、上课的教室和玩耍的同伴中。

阅读的力量是异常强大的，不仅能打开孩子认知的疆域，还丰富了孩子词、语、句在储备上的多元元素，同时还会顺带训练出孩子的阅读速度，而阅读速度上的优势会在日后学校的大小考试中体现出它举足轻重的效果和作用。

我们主张的观点是，在孩子各方面都在打基础的年龄段里，父母非常有必要让孩子尽可能少地停留在网络、游戏和手机的娱乐上，而尽可能多地引领孩子走入书刊的海洋里。

"引领孩子走入书刊的海洋"，这句话中要讲解的重点关键词是"引领"。

引领，并不是我们在网上搜索优秀的世界儿童书籍，然后把它们统统买回家，再扑通一下摆在孩子的书桌上就转身离开这么简单，而是要定期带孩子去书店，花一定的时间培养孩子适应和习惯书店的氛围。因为书店的环境是以安静为主，而大部分这个年龄阶段的孩子并不能天然地接受和做到安静，这就需要在父母的带领和陪同下，让孩子逐渐地熟悉和认可，切不要做了几次之后就不耐烦地放弃了。

再有就是最好可以在家中规定一个阅读时间，在这个时间段内，父母要尽量克制自己打开手机购物和消遣娱乐的念头，一人一本书，逐渐共同建立起这个独有的、能为日后带来巨大价值的亲子阅读区。当然，如果父母还愿意抽时间写一点读书小笔记、小心得，也不妨念给孩子听，引导孩子效仿你的做法，顺便还能培养出孩子的写作能力。

第五章

品格资本：勤奋

一、动机激发,让勤奋品格持久发光

(一)"勤奋"的意义

勤奋的意思是:认认真真,努力干好一件事情,不怕吃苦,踏实工作。出自清平步青《霞外攟屑·掌故·林西厓方伯》:"似此勤奋出力之员,岂可拘其家世,不加奖励。"

勤奋是懒惰的反义词,是成功的基础之一,是中华民族传统的美德。

文学家说勤奋是打开文学殿堂之门的一把钥匙;科学家说勤奋能使人聪明;而政治家说勤奋是实现理想的基石。

世界上最宝贵的除了良好的心理素质,还有一个东西,就是勤奋。

最宝贵的勤奋,不光是身体上的勤奋,还有精神上的勤奋,勤奋靠的是毅力,是永恒。学业的精深造诣来源于勤奋。

勤,就是要珍惜时间,勤学习、勤思考、勤探究、勤实践。

勤奋是成功的唯一途径。没有它,天才也不能成才。

(二)勤奋与懒惰

勤奋的反义词是懒惰,"懒惰"是最具侵袭力的。因为懒惰,一座小山,人们也不愿意翻越,因为懒惰,再小的困难人们也不愿意突破，人一旦背上懒惰这个包袱，就会丧失斗志，成为失败者。

懒惰者让人空虚绝望。劳动需要精力，它也让人充实而精神焕发，因而，一位智者说"劳动是治病的良药，懒惰者不愿意劳动，却总为自己找借口。"萨缪尔·罗米利先生在写给一个懒惰者的信中说道："我认为，时间不够这一类说法只是美丽的借口，没有人反对每个人都该把工作做好，只是懒惰者往往在做不好时，甚至不肯尝试的情况下，就推托说工作不适合他，如果很多人都这样想的话，后患无穷。"

不劳而获是懦夫的想法，只有付出汗水得来的东西，才会懂得珍惜，这是永恒的真理，纯粹的休息会让人空虚。

法国布林勒监狱有一个犯人，他在自己的右臂上刺了这样一句话："我被过去欺骗，被现在煎熬，被未来恐吓。"这句话说中了所有懒惰者的心。

勤奋是走向幸福的梯子，而在勤奋中也要井然有序、分辨轻重缓急，在条理中追求成效。从儿童至青少年，培养他们勤奋的重要环节是时间管理与整洁有序，否则会常常出现杂乱无章的现象。建立这种品格会帮助他们争取更充裕的时间，分辨事情的优先次序，提高学习效率，并负责地完成他人交付的任务。正如花园必须有园丁，勤奋的园丁总能拥有美丽的花圃，而毫无作为的结果一定是荒草丛生。

（三）勤奋是指坚持不懈地、高频率地做自己认为有意义的事

我国数学家华罗庚曾说过："勤能补拙是良训，一分辛苦一

分才。"古今中外，许许多多有成就的人，他们都是因为勤奋，才从众人中脱颖而出，成为人们所佩服的人。我国数学家陈景润为了证明"哥德巴赫猜想"，日复一日、年复一年地沉浸在数学研究中，常常废寝忘食。法国作家福楼拜，他的窗口面对塞纳河，由于他经常勤奋钻研，通宵达旦，夜间航船的人们常把他房间亮着的灯当作航标灯。他的学生莫泊桑，从20岁开始写作，到30岁才写出第一篇短篇小说《羊脂球》，在他的房间里可以看到草稿纸已有书桌那么高了。还有很多伟人的事例不胜枚举。他们的人生经历都说明了一个道理：天才出于勤奋，成功来自勤奋！

有人说："聪明不学就等于笨蛋。"没有勤奋刻苦的学习，就会枉费人生，正像意大利画家达·芬奇说的："懒惰会毁灭人的才智。"

只有勤奋，才能塑造人才；只有勤奋，才能改变人生；只有勤奋，才能出类拔萃；只有勤奋，才能创造价值；只有勤奋，才能获得成功；只有勤奋，才能战胜困难。世上无难事，只怕有勤奋之心的人。

我们的祖国之所以繁荣起来，和人民群众的勤奋是分不开的。勤奋地学习科学文化知识，不断地创造创新，改变自己，才使中国一步步走向成功，成为响彻世界的东方巨龙！

（四）智慧·天才·勤奋

学习的敌人是自己的满足，要认真学习一点东西，必须从不自满开始。对自己"学而不厌"，对人家"诲人不倦"，我们应取

这种态度。　　　　　　　　　　　　　　——毛泽东

形成天才的决定因素应该是勤奋。　　　——郭沫若

应知学问难，在乎点滴勤。　　　　　　——陈毅

泥土和天才比，当然是不足齿数的，然而不是坚苦卓绝者，也怕不容易做；不过事在人为，比空等天赋的天才有把握。这一点，是泥土的伟大的地方，也是反有大希望的地方。

——鲁迅

学习文学而懒于记诵是不成的，特别是诗。一个高中文科的学生，与其囫囵吞枣或走马观花地读十部诗集，不如仔仔细细地背诵三百首诗。　　　　　　　　　　　　——朱自清

熟才能生巧。写过一遍，尽管不像样子，也会带来不少好处。不断地写作才会逐渐摸到文艺创作的底。字纸篓子是我的密友，常往它里面扔弃废稿，一定会有成功的那一天。

——老舍

天分高的人如果懒惰成性，亦即不自努力以发展他的才能，则其成就也不会很大，有时反会不如天分比他低些的人。

——茅盾

勤能补拙是良训，一分辛劳一分才。　　——华罗庚

培育能力的事必须继续不断地去做，又必须随时改善学习方法，提高学习效率，才会成功。　　　　　——叶圣陶

春蚕到死丝方尽，人至期颐亦不休。一息尚存须努力，留作青年好范畴。　　　　　　　　　　　　——吴玉章

少而好学，如日出之阳；壮而好学，如日中之光；老而好学，如炳烛之明。　　　　　　　　　　　——刘向

我是个拙笨的学艺者，没有充分的天才，全凭苦学。

——梅兰芳

十日画一水，五日画一石。 ——杜甫

骐骥一跃，不能十步；驽马十驾，功在不舍；锲而舍之，朽木不折；锲而不舍，金石可镂。 ——荀况

业精于勤而荒于嬉，行成于思而毁于随。 ——韩愈

要记住：历史上所有伟大的成就，都是由于战胜了看来是不可能的事情而取得的。 ——卓别林

懒惰像生锈一样，比操劳更能消耗身体；经常用的钥匙，总是亮闪闪的。 ——富兰克林

在天才和勤奋两者之间，我毫不迟疑地选择勤奋，它是几乎世界上一切成就的催产婆。 ——爱因斯坦

二、"勤奋"好品格故事汇

勤奋是取得成功的关键

史蒂芬·霍金，1942年1月8日出生于英国的牛津，他青年时就身患绝症，然而他坚持不懈，战胜了病痛的折磨，成为举世瞩目的科学家。

霍金在牛津大学毕业后即到剑桥大学读研究生，这时他被诊

断患了"卢伽雷病",不久就完全瘫痪了。1985年,霍金又因肺炎进行了穿气管手术,此后他完全不能说话,依靠安装在轮椅上的一个小对话机和语言合成器与人进行交流;看书必须依赖一种翻书页的机器,读文献时需要请人将每一页都摊在大桌子上,然后他驱动轮椅如蚕吃桑叶般地逐页阅读……

智慧之光: 霍金不会因为病痛的折磨而放弃对学习的渴望,正是在这一般人难以置信的艰难中勤奋刻苦地钻研,让他最终成为世界公认的物理科学家。

资源链接

为什么勤奋比天赋更重要

努力与勤奋成就梦想,再美好的愿使如果不付诸行动,不勤奋努力,也只是空愿。而任何一件事情的成功都来自勤奋和不懈的努力,"勤奋出天才",只要我们不懈努力,认准一个"勤"字,生活和学习中的许多困难都会迎刃而解。这就是为何一个人越努力运气就会越好的原因。

1. 越学习越聪明,笨鸟先飞是有一定科学道理的。

心理学曾发现,人的大脑是越学习越聪明,大脑通过学习,神经连接会越多,这种连接也会促进智力的开发与飞跃。人在努力与勤奋中,也会加强大脑回路的开发,从而促进了自我潜能的开发。

古话说,天道酬勤,比如贝多芬是天才,但更可贵的是他勤奋的品质。人类历史的研究结果表明,在成就一番伟业的过程中，必备的好品格往往对一个人的发展起到很关键的作用，即使是盖世天才也不能小觑这些品格的巨大作用。

事实上，真正伟大的人物只相信常人的智慧与毅力的作用，而不相信什么天才，甚至有人把天才定义为潜能升华的结果。

2. 早动手，勤动手带来更多的探索机会。

可以说，勤奋的人之所以会获得更多的真知，是因为勤奋的人有更强大的执行力。当一个人懂得勤奋的时候，并且有自己的想法，努力在实践中尝试自己的想法，就会比他人有更多的机会看到事物的真相。

道尔顿是英国物理学家和化学家，他不承认自己是什么天才，他说："每一点儿食物都是通过勤劳在大自然中精心采集的。"道尔顿认为他所取得的一切成就都是靠自己的勤奋、靠点滴在科学实践中产生的。空想从不能带给我们更大的成就，如果我们有想法，需要立马付诸行动。

我们在看一些伟大人物的传记时可以发现，大多杰出的发明家、艺术家、思想家和各种著名的工匠，他们之所以能成大事，在很大程度上都归功于他们的探索与实践，也就是勤奋的支撑，不怕麻烦，勇于尝试与探索。

所以早动手、勤动手，就可以将自己的先天不足用勤补回来，反之如果不通过自己的努力与勤奋，再瑰丽的想法也只能是空想。

3. 勤奋带来巨大的成长空间。

很多失败者之所以失败，不是因为他们不具有和别人同样的能力，也不是没有人帮助他们，更不是没有人提拔他们，而是他们缺乏足够的勇气、敏锐的观察力、判断力、更缺乏苦干的精神。

而那些成功者则完全不同于失败者，他们只是迈步向前，他们依靠的是踏实的努力与前进。现今世界需要但缺少的，正是那些能够脚踏实地，埋头苦干的人。

所以，我们想成就一番事业，就从现在开始每天多做一点点，勤奋起来，你一定会有意想不到的收获。

三、体验活动（学校版）

【活动名称】 工程竞标。

【活动人数】 10～14人为一组。

【活动目标】 通过乐高玩具零件拼凑的过程，帮助学生明白勤奋的行动之前，要先检视自己操作的次序，明白次序的意义。

【活动导入词】 你们要组装一个乐高模型，确定你们的模型样式，分配你们的团队成员分工，看哪一组能够将零碎的零件从混乱中有序地排列并重新组装，直至完成。

【活动规则与流程】

1. 分成两小组，6～8人围成圈。

2. 展示模型成品图案并予以展示，给参与者几分钟时间观察，并讨论如何在零件混乱的状况下将其组合。

3. 带领者先将模型拆散，把零件分散在小组四周（两组各自所属的零件不可混在一起）。

4. 检查其正确性（正确性的检查可以通过事先展示的模型成品照片或是现场的笔记来核对）。

5. 过程中成员可以自由沟通，但不能妨碍他组活动的进行。

	引导反思——整理活动经验与提升
A	操作过程中发生了什么状况？你在做什么
B	从混乱的零件中按照次序重新组合的过程中，你觉得最困难或最大的挑战是什么
C	从整理次序到付诸勤奋的行动，你们小组的经验是什么？请将你们的经验写成清单，例如：第一步，我们核准了模型照片；第二步，我们核准了模型的零件；第三步，我们讨论分工，第四步……
D	你将在你的生活中怎样运用勤奋来管理你的时间、作息、环境整理？你第一项要改进的事情是_____

四、行动学习单

（一）你是一个勤奋的人吗？（请就以下情况，用直觉反应并勾选答案）

1. 想玩游戏的时间多，还是想看书的时间多？
　　□ 玩游戏　　□ 看书

2. 作业还没做完，但小伙伴叫你一起出去玩，你会：
　　□ 即刻答应　　□ 果断回绝

3. 你上课认真听讲、做笔记吗？
　　□ 是　□ 否

4. 你会课前做预习、课后做复习吗？
　　□ 会　□ 不会

5. 明天就要期末考试，你今天会：
　　□ 紧张复习　　□ 放松休息

6. 完成作业后你会再练字、阅读吗？
　　□ 会　□ 不会

7. 吃完饭后，你会洗自己的碗筷吗？
　　□ 会　□ 不会

8. 你平时会帮家人做些力所能及的家务事吗？
　　□ 会　　□ 不会

9. 你会整理自己的书桌、书包、房间吗？
　　□ 会　　□ 不会

10. 这次考试没考好，接下来你会：
　　□ 更加努力　　□ 毫不关心

（二）你愿意成为一个勤奋的人吗？（勾选答案，并请分享）

　　□ 我会在约定的时间内玩游戏，时间到了立刻结束

　　□ 课后作业没完成时，小伙伴叫我去玩，我也会先认真完成作业

　　□ 我坚持上课认真听讲，认真做课堂笔记，没听懂的及时找同学或老师询问

　　□ 我会认真做到每天课前预习、课后复习，养成良好的学习习惯

　　□ 完成作业后我会做一些阅读、练字等这样的事情增加自己的本领

　　□ 如果这次考试成绩不理想，我会更加努力学习，提高自己的分数

　　□ 我会平时帮家人做些力所能及的家务，让爸爸妈妈或是爷爷奶奶不要过于劳累

　　□ 我会做到整理好自己的书桌、书包、房间

五、体验活动(家庭版)

【活动名称】勤奋的我。

【活动时长】每天清晨5分钟。

【材料准备】无。

【场地要求】室内。

【活动目标】简单的事情重复做,重复的过程中种下勤奋的种子,让孩子养成勤奋的好品格,不惧艰辛与挫败。

【活动导入词】我选择,我喜欢,我承担,例如,当孩子在整理自己被子的时候,边做边说"我选择,我喜欢,我承担,我为我自己的生活负责"。

【注意事项】年龄偏小的孩子需在家长的示范下逐步进行,家长如遇孩子有畏难情绪或生气、哭泣等,家长应坚持,可先处理好孩子的负面情绪,再继续完成。家长的态度应是温柔而坚持,温柔的是态度,坚持的是原则。如此帮助孩子形成跨越困难和挫败的力量感,这是勤奋这一品格的重要组成部分。

【活动总结】

例如:刚刚的场景中,孩子有负面的情绪,经家长处理后又能坚持完成,此时,家长可用以下语句帮助孩子建立正向的思考模式。

"爸爸/妈妈刚刚看到你已经放弃了,而后来又坚持做下来,宝贝你是怎么做到的呀?能跟爸爸/妈妈讲讲吗………"

"爸爸/妈妈非常欣赏你今天在面对困难的时候没有放弃,同时勤于思考并再次付诸行动完成了这件事,这些都让爸爸/妈妈很开心、很感动,你是一个不怕困难、勤奋、坚强的好孩子。"

六、21天学生品格养成日记

第一周							
"勤奋"好品格日记:业精于勤而荒于嬉							
具体行动	本周曾经实践的项目,请打√							我的心情点滴
	一	二	三	四	五	六	日	
在学校我认真听讲、认真做课堂笔记、课前做预习、课后做复习了吗								
放学回家除了完成学校作业,还做了其他练习吗?(例如:练字、练乐器、读外语等)								
在家里有帮助家人做些力所能及的事情了吗?(例如:洗碗筷、倒垃圾、帮家人拎东西等)								

第二周								
"勤奋"好品格日记：业精于勤而荒于嬉								
具体行动	本周曾经实践的项目，请打√							我的心情点滴
	一	二	三	四	五	六	日	
在学校我认真听讲、认真做课堂笔记、课前做预习、课后做复习了吗								
放学回家除了完成学校作业，还做了其他练习吗？（例如：练字、练乐器、读外语等）								
在家里帮助家人做些力所能及的事情了吗？（例如：洗碗筷、倒垃圾、帮家人拎东西等）								

第三周								
"勤奋"好品格日记：业精于勤而荒于嬉								
具体行动	本周曾经实践的项目，请打√							我的心情点滴
	一	二	三	四	五	六	日	
在学校我认真听讲、认真做课堂笔记、课前做预习、课后做复习了吗								
放学回家除了完成学校作业，还做了其他练习吗？（例如：练字、练乐器、读外语等）								
在家里帮助家人做些力所能及的事情了吗？（例如：洗碗筷、倒垃圾、帮家人拎东西等）								

七、21 天父母教子周记

第一周	本周曾经实践的项目，请打√	
1. 我本周没有把不好的情绪带回家，我努力创造轻松快乐的家庭氛围		
2. 我本周经常专心陪伴孩子 40 分钟以上（倾听、玩耍、讲故事……）		
3. 我本周经常使用肯定、鼓励的语言和孩子平等沟通		
4. 我本周和孩子一起做过户外活动：运动、玩耍、散步等		
5. 我本周发现了孩子的优点，并及时给予肯定和夸奖		
6. 我本周有拥抱孩子，并说爸爸/妈妈爱你		
7. 我本周没有当着孩子面，对爱人（家人）发脾气		
8. 我本周对爱人（家人）说了爱、赞美等正能量的话		
9. 我本周有用心陪伴父母或给父母打电话问候		
10. 自我点评，我本周：		

第二周	本周曾经实践的项目，请打√	
1. 我本周没有把不好的情绪带回家，我努力创造轻松快乐的家庭氛围		
2. 我本周经常专心陪伴孩子 40 分钟以上（倾听、玩耍、讲故事……）		
3. 我本周经常使用肯定、鼓励的语言和孩子平等沟通		

续表

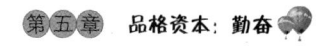

第二周	本周曾经实践的项目，请打√	
4. 我本周和孩子一起做过户外活动：运动、玩耍、散步等		
5. 我本周发现了孩子的优点，并及时给予肯定和夸奖		
6. 我本周有拥抱孩子，并说爸爸/妈妈爱你		
7. 我本周没有当着孩子面，对爱人（家人）发脾气		
8. 我本周对爱人（家人）说了爱、赞美等正能量的话		
9. 我本周有用心陪伴父母或给父母打电话问候		
10. 自我点评，我本周：		

第三周	本周曾经实践的项目，请打√	
1. 我本周没有把不好的情绪带回家，我努力创造轻松快乐的家庭氛围		
2. 我本周经常专心陪伴孩子40分钟以上（倾听、玩耍、讲故事……）		
3. 我本周经常使用肯定、鼓励的语言和孩子平等沟通		
4. 我本周和孩子一起做过户外活动：运动、玩耍、散步等		
5. 我本周发现了孩子的优点，并及时给予肯定和夸奖		
6. 我本周有拥抱孩子，并说爸爸/妈妈爱你		
7. 我本周没有当着孩子面，对爱人（家人）发脾气		
8. 我本周对爱人（家人）说了爱、赞美等正能量的话		
9. 我本周有用心陪伴父母或给父母打电话问候		
10. 自我点评，我本周：		

八、拓展阅读：教子有方

"引导"和"说教"究竟有什么区别

"引导"和"说教"的区别概括来说——引导式的说话方式，是弱化成年人（父母）的主观判断，对话中通常会给孩子留出相对较大的选择空间，通过评估孩子的选择来决定接下来要说什么样的话；而说教式的说话方式则几乎全部来自成年人（父母）的主观判断，留给孩子的通常只有一个绝对化选项，即"你必须接受！"

而多数情况下，孩子的反应则恰恰相反，如果父母继续以这种方式说下去，孩子也基本上会以以下三种形式回击，要么低头沉默；要么大声对峙；要么起身离开。用不了几次，父母和孩子之间的关系就会变得非常紧张，甚至有的孩子会无限期地关闭和父母沟通的大门。这对孩子成长造成的危害之大，将远远超出父母的想象。

我们不妨举一个例子，来看看在同一种场景下，以"说教"和"引导"这两种不同的说话方式应对，究竟会产生多大的差别。

比方说，我们看到孩子做作业不用心、磨磨蹭蹭，用说教的方式我们可能会说"我跟你说，做作业不要三心二意，你看看人家小宇，半小时前就做完了，你才写了几个字啊？"或者"我告诉你，你再这样慢慢吞吞地搞下去，看我怎么收拾你……"

不知道大家感觉到了没有，"说教"，几乎永远不可能是心平气和的，也一定还包含了比较、呵斥和威胁，甚至是谩骂的声音。可结果真的会如父母所愿吗？我们又会不会周而复始地继续使用着这些除了只能发泄自己的情绪，其他什么作用也起不到的语言呢？长此以往，要么孩子皮了，要么孩子怒了，要么孩子跑了。

用引导式的说话方式，我们完全可以这样说："萱萱，看你现在也有些无心做作业，你看这样好不好，你先去和小宇玩十分钟或者十五分钟，到了时间妈妈来叫你，这个时间呢，你就专心玩，玩完了咱们专心做作业。或者你现在专心做作业，我检查完之后让你和小宇痛痛快快地玩上半个小时，你觉得怎么样？"这种说话方式，就会给孩子留出一个半封闭式的选择空间，而不是非对即错、非黑即白的绝对选项，父母学会在对话中给孩子尽量留有余地，长此以往，孩子也自然不会再选择和父母频繁地对抗，甚至还会加深孩子对父母为养育他而操劳用心的理解。

看到这里，可能有的父母会问了："那孩子跟我谈条件怎么办呢？如果他想玩更长时间呢？"其实，父母不必过于担心和纠结孩子谈条件这个行为，因为这种情况通常只发生在父母刚刚从说教式说话模式调整到引导式说话模式的阶段，这段时期，是需要父母和孩子双方共同去逐渐适应和改变的。同时，既然是谈条件，那可贵之处就在这个"谈"字上，起初给孩子让五分钟、十分钟也是可以的，甚至父母还可以加入奖励，说"如果你的作业确实完成得特别好，字迹工整、桌面整洁，妈妈再给你多加15分钟，你看怎么样？"

时间长了，我们自然就会发现，这种说话方式具备非常高的灵活性，亲子之间大量的冲突和对抗会被自然地消解掉，同时，父母也在潜移默化地教会了孩子如何与别人进行友善的对话和相处——"凡事不绝对，有来有往，有商有量。"再通过激励的方式让孩子内心有更多上进的动力，还能增强孩子的自信心。

父母要时刻提醒自己，面对孩子，要尽可能多地减少对孩子的打击，同时，最大限度地增加对孩子的鼓励，进入一个良性上升的亲子教育轨道。

第六章

品格资本：节制

一、动机激发，让节制品格持久发光

（一）欲望源于本能，节制始于本领

不节制与节制在生活中的具体体现就是"任性"与"约束"，只有自己管制自己，在明智判断的指引下，才能运用内在的力量约束个人的欲望（例如：贪玩、晚睡、乱花钱等）。一个有自省能力的人一定是有节制的人，节制的人才更自知。

伟大的古希腊哲学家苏格拉底说过这样三句话。

第一句话：认识你自己，每个人最难的是真正地认识自己。

第二句话：不经过审视的生活是不值得过的。

第三句话：我知道自己的无知，因为知道自己无知的人才能变得真正的有知。

我们每个人都喜欢和品格好的人交往，在21世纪的今天，在媒体消费文化的攻势下，"舒服""享受""爽"俨然成为现代人的追求目标，从几岁孩童到青少年，我们常常听到"我不想看、我不想听、我不想学""我想要，我就要，我非要不可"等这样的话，这种任性的性情会大大阻碍我们发展自制的能力。

节制的反义词是"放纵"，很多人不相信自己能更自律，或者不相信可借着自律来控制自己的生活、掌握自己的人生，因此无法享受自律带来的喜悦和成就,没有一个良好的自我形象、和谐的人际关系,甚至导致生活秩序混乱,深陷在无法自拔的暗淡光影中。

你的生活一旦被玩游戏、看电视、吃东西、零用钱这些欲望占据,冲昏头脑而失去控制,将会导致非常可怕且难以挽回的后果。唯有养成良好的节制习惯,形成你人生品格的资本,才会让你能够抵御这些诱惑,更加意志坚强地面对人生的种种挑战,获得更多、更高的成绩与成就。

良好的节制习惯可以通过品格教育的培养、体验和训练逐步养成。赫伯特·斯宾塞说:"有理想的人努力追寻自制这一目标,教育的目的之一是使人在行动前通过自我控制,仔细地思考,而不是依靠个人喜好和无止尽的欲望来行动。"教育是从家庭开始的,经由学校最后过渡到社会,每一个阶段都是渐进式的环环相扣且缺一不可。假如一个人没有受到良好的家庭和学校培养,一旦进入社会,其缺陷的人格与不知自我约束的不当行为,将可能给家庭、社会带来不可预估的灾难。

(二)做一个懂节制、能节制、善节制的人

古往今来,那些懂得节制、能够节制、善于节制的人,都是真正明白事理的人,也是真正能够把握自己的人,更是真正聪明、智慧的人。这样的人,明利害,知得失,有理性,不随俗,不论在什么样的场合,面对什么样的境况,都能保持定力,善于取舍,趋吉避凶,努力达到最好的结果。因此,这样的人,最容易高效利用人生,成就人生。

相反，那些不懂节制，不会节制，不能节制的人，不用说会败在他人的手里了，其实很多时候，都是轻而易举地败在了自己的手里。

由于没有节制，他们管不住自己，不该吃的吃了，不该喝的喝了，不该说的说了，不该干的干了，不该做的做了……因为有了太多的"不该"，结果种下了太多的"恶因"，最后就必然得到更多的"恶果"。"恶果"多了，人生就会变得很糟，就必遭挫折，甚至必败无疑。这样的人，到后来往往总是后悔莫及。

当然，一些人并不是不想节制，他们知道节制的重要性，但就是不能够节制。究其原因，还是自己的思想不够坚定、意志不够坚强、定力不足造成的。这样的人，最应该培养的，其实就是一个定力。

增强定力，就要深明大义，知晓利害，能够做出正确的选择；就要克服投机心理和从众心态，不被利诱，不惧压力，不慕虚荣，不向错误的东西妥协退让；就要敢于坚持真理，修正错误，坚持原则，坚持自己的主见，不向自己的惰性和其他坏习惯低头投降。只有这样，才能真正把握自己，把握人生，做一个懂得节制的人，做一个自尊、自爱、自强、自立的人，做一个积极向上的人。

懂节制、能节制的人，是最有力量的人。他的力量，来自理性的选择，来自自我的坚持，来自不屈不挠的努力。有了这种力量，人生就没有战胜不了的困难，就没有越不过去的障碍，就没有达不到的目的。因为他首先征服了自己，所以才能够得到自己的支持，并依靠自己的力量，征服外在的困难。

懂节制、能节制的人，是最容易成功的人。他的成功，首先是做人的成功。由于节制，他不会去做那些有害于自己的事情，所以，就会成为一个健康幸福的人；由于节制，他不会去损害他人、危害社会，所以就会成为一个广受欢迎、得到帮助的人；由于节制，对于经过理智选择的事情，他会坚持去做，不会半途而废，有头无尾，所以就最容易把事做成，走向成功。

（三）节制，是一种幸福

王阳明说："吾辈用功，只求日减，不求日增。减得一分人欲，便是复得一分天理，何等轻快洒脱，何等简易！"

人生的幸福，源于不断减少自己的欲望，物质无须太多，够用就好。英国女王伊丽莎白二世，坚持牙膏要挤到一点不剩。她也会每天深夜，亲自熄灭白金汉宫走廊和小厅堂的灯；香港首富李嘉诚，坐拥千亿资产，却热衷于买打折商品，西装、眼镜一用就是好多年，那块戴了二十多年的手表，也仅3000元。懂得满足，是一种莫大的幸福。

- 满足你的房子，无须太大，温馨就好。
- 满足你的车子，无须奢华，代步即可。
- 满足你的衣服，无须华贵，合身就好。

所有最好的，就是刚刚好。节制，是一种智慧，是一种自由，更是一种幸福。当一个人懂得了节制，人生的智慧、生命的自由、生活的幸福就会如约而至。

二、"节制"好品格故事汇

猿猴面包树

法国小说家圣埃克苏佩里所著的《小王子》一书中，小王子所住的星球中，有好植物，也有坏植物。因此，好植物有好种子，坏植物有坏种子，但是，种子是看不见的，它们在黑暗的地心中睡眠。这些种子中有一种叫"猿猴面包树"的种子，如果发现得太迟，它的根会到处蔓延盘踞整个星球，如果星球太小而猿猴面包树太多，星球就会被弄得四分五裂。

小王子说："这是个纪律问题，每天一大早梳洗过后，就必须小心翼翼地梳理你的星球，你必须常常拔掉猿猴面包树，它们的幼苗和玫瑰树很像，一旦发现，就要立刻拔除干净，这种工作枯燥乏味，但也并没有那么难。"

他又说："把一件事延后一两天，看起来好像并不耽误什么，但如果是猿猴面包树的话，这样做一定会导致灾祸。"

智慧之光：如果节制是一辆火车，那么纪律就是铁轨，能够帮助我们克制、清除内在的"猿猴面包树"，抵达人生的目标。

资源链接（一）

朱子家训（节选）

《朱子家训》又名《朱子治家格言》《朱伯庐治家格言》，是以家庭道德为主的启蒙教材。作者朱用纯（1627—1698），号伯庐，是明末清初著名的理学家、教育家。《朱子家训》全文仅几百字，阐明修身治家之道，比如，修身自律、勤俭持家、尊敬师长、邻里和睦等，兼具传统精神与现实意义。此处节选了关于教子修身的文字，重点讲述了如何教育子女养成良好、朴素的生活习惯。

【原文】

黎明即起，洒扫庭除，要内外整洁；

既昏便息，关锁门户，必亲自检点。

一粥一饭，当思来之不易；半丝半缕，恒念物力维艰。

宜未雨绸缪，毋临渴而掘井。自奉必须俭约，宴客切勿流连。

器具质而洁，瓦缶胜金玉；饮食约而精，园蔬胜珍馐。

【译文】

每天早晨黎明就要起床，先用水洒湿厅堂内外的地面，然后扫地，使厅堂内外整洁；到了黄昏便要休息，并亲自查看一下要关锁的门户。

对于一顿粥或一顿饭，我们应当想着来之不易；对于衣服的半根丝或半条线，我们也要常念着这些物资的产生是很艰难的。

　　凡事先要做好准备，就像没到下雨的时候，要先把房子修补完善，不要到口渴的时候才来掘井。

　　自己生活上必须节约，宴请客人时也不要铺张浪费。

　　餐具质朴而干净，即使是用泥土做的瓦器，也比金玉制的好；食品少而精美，虽是园里种的蔬菜，也胜于山珍海味。

资源链接（二）

家庭协议书

甲方（爸爸）：

乙方（妈妈）：

丙方（孩子）：

为促进家庭和谐，促进家庭成员共同发展，积极建设文明、健康、快乐的家庭，甲、乙、丙三方就规范家庭日常生活习惯事宜，达成如下协议，以共同遵守：

第一条、

第二条、

第三条、

第四条、

第五条、

第六条、

第七条、

三方约定的其他事项：

本协议一式三份，每方各执一份，自三方共同签字之日起生效。

甲方（签字）： 乙方（签字）： 丙方（签字）：

订立时间： 年 月 日

三、体验活动（学校版）

【活动名称】冷面笑匠。

【活动人数】10～12人为一组。

【活动目标】在欢笑声中帮助成员交流并体验节制的感受。

【活动规则与流程】

1. 将成员平均分成两排，且两两相对，面对面距离两到三步。

2. 各排先派出一位代表，面对面站在队伍的排头，相互鞠躬90°，并高喊"×××你好"。

3. 两人向前走，且站在队伍中央，面对面再相互鞠躬高喊一次。

4. 在上述过程中，鞠躬者与其他成员皆不可发笑，若笑出声音或展现出笑容者，即被对方俘虏，必须排到对方队伍的排尾，若是平手，则依照规则再派出另一位代表进行下一回合比赛。

如何培养孩子的好品格

	引导反思——整理活动经验与提升
A	过程中最好笑的地方是什么
B	为什么忍住不笑的时候很困难
C	活动中谁的节制力最好
D	采访他/她是怎么做到的

四、行动学习单

（一）我节制吗

我对下列行为的节制程度

推论过程	可以节制	视情况节制	不能节制
1. 考试作弊	□	□	□
2. 每天上网或看电视、打游戏超过3小时	□	□	□
3. 大量购买名牌衣服	□	□	□
4. 说脏话	□	□	□
5. 常常晚睡，不早起	□	□	□
6. 吃大量零食	□	□	□
7. 乱花零用钱	□	□	□

（二）节制检查表

1. 下列项目常因为缺乏节制所造成，你有哪些习惯或行为？请在这些事情上打√。

_____不能定时运动

_____浪费时间

_____饮食过量

_____经常迟到

_____拖延事情

_____坏脾气

_____沉溺于游戏

_____房间或桌面凌乱

_____不能准时起床

_____不能按时完成作业

_____常被负面情绪控制（生气、发怒、哭泣……）

_____上网时间过长

_____和同学聊天时间过长

_____看电视时间过长

_____玩手机时间过多

2. 如果打√的这些事经常过度或成瘾，可能会带来什么后果？

_____

（三）我愿意学习节制（可多选，并请分享）

在节制的品格上，我需要学习的是：

☐ 不说脏话

☐ 不随便浪费金钱

☐ 对自己喜欢的事有节制（例如：上网、聊天、打游戏）

☐ 不浪费资源（例如：自来水、电、纸张、文具等）

☐ 锻炼身体

☐ 控制饮食

☐ 控制自己突发的情绪

☐ 做好时间管理

五、体验活动（家庭版）

【活动一名称】家庭 DIY 烘焙：自制巧克力。

【活动时长】20 分钟。

【材料准备】可可粉、一些可以把可可粉做成面团的材料：牛奶、黄油、新鲜奶油，一些可以使面团变甜的材料：蜂蜜、糖，一些可以使面团变香的调料、四个小碗、四个咖啡勺、一个漂亮盘子、一支铅笔、一张记录表、一些自制的号码牌。

【场地要求】室内。

【活动目标】把苦的可可粉变成香甜润滑的巧克力。

【活动步骤】

1. 放一咖啡勺的可可粉在小碗里，尝一点看好不好吃。

2. 慢慢加入可以使可可粉变成面团的食材，并搅拌均匀，记录放入的量。

3. 加入一些使面团变香、变甜的调料，每次少放一些，搅拌后尝一尝，记录放入的量。

4. 你的巧克力做好了吗？记好你的配方吧。

5. 把巧克力放在漂亮的盘子里，把号码牌插在上面，让家人都尝一尝。

例如：我的巧克力特殊配方——两咖啡勺可可粉，一勺鲜奶油，半勺黄油，半勺牛奶，两勺甘蔗汁，一些干果仁，蜂蜜。

【活动二名称】家庭 DIY 烘焙：无糖蛋糕。

【活动时长】45 分钟。

【材料准备】125 克面粉，三个鸡蛋，一小袋酵母粉，100 克黄油，能替代 100 克糖的食物，面盆，蛋糕模具。

【场地要求】室内。

【活动目标】让孩子做一个蛋糕，没有糖，那你能用什么替代糖呢？找找看你可以利用其他食物里含有的糖分来替代糖。

【活动步骤】

1. 把面粉、鸡蛋、黄油、酵母粉和代替糖的食物放进面盆中，搅拌均匀。

2. 把面团倒进涂满黄油的模具中。

3. 把模具放进烤箱中，设置为 200℃，烤 25 分钟。

4. 把蛋糕分给家人们尝一尝，别告诉他们是无糖的。

记录下来你的小秘方吧！

关于可以替代糖的食物，有：蜂蜜、奶酪、杏仁粉、可可粉、胡萝卜……

【活动三名称】家庭 DIY 烘焙：自制糖果。

【活动时长】20 分钟。

【材料准备】100 克糖粉、若干薄片食用凝胶、一碗凉水、一勺柠檬汁、三勺果汁或葡萄汁、数滴食用色素（千万不能用墨汁）、一个锅、一个碗、一个模具。

【场地要求】室内。

【活动目标】记录下你的糖果配方，并请你给糖果起个名字，你会送给哪些伙伴和家人呢？

【活动步骤】

1. 把食用凝胶分成两段，放在水中浸泡数分钟直至软化。

2. 往锅中倒入 100 克糖粉，再倒入柠檬汁、苹果汁或葡萄汁、食用色素，用勺子搅拌至溶化。

3. 把软化的凝胶放入锅中，搅拌使锅中物混合成糖糊。

4. 把糖糊倒入模具中，放入冰箱冷藏两小时，待糖凝固后取出。

5. 用刀子将糖切成小块，并用糖纸包上。

例如：糖果特殊配方

　　　——水果糖（石榴汁、薄荷汁、蜂蜜或糖浆）

　　　——星星糖（用不同形状的小模具制作即可）

——雪花糖（把糖放进杏仁粉或椰蓉中裹一下）

——恶作剧糖（把薄荷味的糖染成红色，把草莓味的糖染成绿色）

——彩虹糖（做几层不同味道的糖，将不同味道的糖冷藏15分钟后叠加在一起）

现在该你发明了，你的配方是什么呢？给它取一个什么样的名字呢？一定记得记下来！

【注意事项】家长在陪伴的过程中，需要多多加以耐心，用正向语句引导，激发孩子的兴趣与创造力，活动结束后，对过程予以回馈、鼓励。

六、21天学生品格养成日记

第一周								
"节制"好品格日记： 在明智判断的引导下，运用内在力量约束个人的欲望								
具体行动	本周曾经实践的项目，请打√							我的心情点滴
	一	二	三	四	五	六	日	
我不说脏话								
我不浪费金钱								

第一周

"节制"好品格日记：
在明智判断的引导下，运用内在力量约束个人的欲望

具体行动	本周曾经实践的项目，请打√							我的心情点滴
	一	二	三	四	五	六	日	
在喜欢的事情上有节制（例如：上网聊天、打游戏、看电视、吃零食）								
在学习上做好时间管理（如果自己做不好，可以请老师或父母协助）								

第二周

"节制"好品格日记：
在明智判断的引导下，运用内在力量约束个人的欲望

具体行动	本周曾经实践的项目，请打√							我的心情点滴
	一	二	三	四	五	六	日	
我不说脏话								
我不浪费金钱								
在喜欢的事情上有节制（例如：上网聊天、打游戏、看电视、吃零食）								
在学习上做好时间管理（如果自己做不好，可以请老师或父母协助）								

第三周								
"节制"好品格日记： 在明智判断的引导下，运用内在力量约束个人的欲望								
具体行动	本周曾经实践的项目，请打√							我的心情点滴
	一	二	三	四	五	六	日	
我不说脏话								
我不浪费金钱								
在喜欢的事情上有节制 （例如：上网聊天、打游戏、看电视、吃零食）								
在学习上做好时间管理 （如果自己做不好，可以请老师或父母协助）								

七、21天父母教子周记

第一周	本周曾经实践的项目，请打√
1. 我本周没有把不好的情绪带回家，我努力创造轻松快乐的家庭氛围	
2. 我本周经常专心陪伴孩子40分钟以上（倾听、玩耍、讲故事……）	

第一周	本周曾经实践的项目，请打√	
3. 我本周经常使用肯定、鼓励的语言和孩子平等沟通		
4. 我本周和孩子一起做过户外活动：运动、玩耍、散步等		
5. 我本周发现了孩子的优点，并及时给予肯定和夸奖		
6. 我本周有拥抱孩子，并说爸爸／妈妈爱你		
7. 我本周没有当着孩子面，对爱人（家人）发脾气		
8. 我本周对爱人（家人）说了爱、赞美等正能量的话		
9. 我本周有用心陪伴父母或给父母打电话问候		
10. 自我点评，我本周：		

第二周	本周曾经实践的项目，请打√	
1. 我本周没有把不好的情绪带回家，我努力创造轻松快乐的家庭氛围		
2. 我本周经常专心陪伴孩子40分钟以上（倾听、玩耍、讲故事……）		
3. 我本周经常使用肯定、鼓励的语言和孩子平等沟通		
4. 我本周和孩子一起做过户外活动：运动、玩耍、散步等		
5. 我本周发现了孩子的优点，并及时给予肯定和夸奖		
6. 我本周有拥抱孩子，并说爸爸／妈妈爱你		
7. 我本周没有当着孩子面，对爱人（家人）发脾气		
8. 我本周对爱人（家人）说了爱、赞美等正能量的话		
9. 我本周有用心陪伴父母或给父母打电话问候		

续表

第二周	本周曾经实践的项目，请打√	
10. 自我点评，我本周：		

第三周	本周曾经实践的项目，请打√	
1. 我本周没有把不好的情绪带回家，我努力创造轻松快乐的家庭氛围		
2. 我本周经常专心陪伴孩子40分钟以上（倾听、玩耍、讲故事……）		
3. 我本周经常使用肯定、鼓励的语言和孩子平等沟通		
4. 我本周和孩子一起做过户外活动：运动、玩耍、散步等		
5. 我本周发现了孩子的优点，并及时给予肯定和夸奖		
6. 我本周有拥抱孩子，并说爸爸/妈妈爱你		
7. 我本周没有当着孩子面，对爱人（家人）发脾气		
8. 我本周对爱人（家人）说了爱、赞美等正能量的话		
9. 我本周有用心陪伴父母或给父母打电话问候		
10. 自我点评，我本周：		

八、扩展阅读：教子有方

"关爱"和"溺爱"究竟有什么区别

"关爱"和"溺爱"这两个词究竟有什么不同？概括来说，"关爱"更偏向于"我（父母）能为你（孩子）做什么"以及"我（父母）不能为你（孩子）做什么"并且把"我不能为你做"的原因耐心地说给孩子听，父母可以允许当孩子表现出"不情愿接受"时，慢慢讲出自己的想法，也就是引导孩子尽量合理地说出他的诉求，而不是只能无奈地顺应或是生硬地拒绝，就是要让孩子充分感受和清晰地认识到，父母在物质上的给予永远是有限度的，不是只要你开口我就要同意这么容易和简单，父母要关爱的是孩子在认知上的良性成长，而不是心态和行为上的恶性循环；而"溺爱"则是误读了"再苦也不能苦了孩子"这句话，在物质上和情绪上无限度地满足孩子，生怕孩子饿着了、累着了、冷着了、热着了、委屈了、难受了、不舒服了、不开心了……

在商场或者游玩的景区里，经常会看到这样的场景，一个6～7岁的小孩子很想买一个玩具，而父母不同意，孩子瞬间就像变了一个人一样，轻则不依不饶地又哭又闹，重则歇斯底里一般咆哮着对父母又吼又叫，甚至有的孩子还会满地打滚，总之，

第六章 品格资本：节制

就是一副"你不给我买就谁都别想好"的架势。

面对孩子的这种不需要酝酿就可以达到近乎疯狂的行为，很多父母都会招架不住，然后快速投降、花钱了事，默认了孩子的这种无理行为。而此时最让人忧虑的并不完全是孩子的表现，还有成年人之间太多不同的声音会同时出现，甚至有很多孩子会一边哭闹，一边偷偷地用泪眼蒙眬的双眼去观察大人们之间的反应，然后快速选择将身体倾斜向那个对自己有利的人，接下来要么是依然未果的更大哭声，要么是得逞之后的欢乐窃喜。

可以肯定地说，如果这个孩子用这种激烈的行为几次都尝到了甜头，那么日后当他想要得到任何东西而父母又表现出不同意的时候，他都会自然而然地选择如法炮制。

这显然是一个危险的习惯，长此下去，当孩子逐渐长大尤其是进入青春期后，这个坏习惯的威力就会像火山爆发一样，猛烈而又难以阻挡。

父母不妨采用心理学中的一个词语来调整应对方式——"延时满足"，意思是延长满足孩子提出要求的时间，也就是不是孩子说要，父母马上就给，最终要不要给的决定权一方面来自孩子的要求是否合理、表现是否良好，另一方面也依然需要父母对这个要求的考量。

如果我们把这个决定权就这样轻而易举地交出去任由孩子掌管和调度，那么不良的索取习惯也就很容易就此养成了。

由于小孩子还没有机会经历社会化的严格洗礼和打磨，自然也就没有赚钱和花钱的比例概念，他只有"很想要"和"我不要"的需求和诉求。但孩子终究还是要离开家庭走入社会的，早

如何培养孩子的好品格

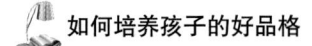

一些培养孩子"合理说出自己需求并认真听取父母意见"的好习惯,是父母在孩子这个年龄段非常有必要去做的事情。

人从成长到成熟的过程,就是训练控制自己欲望的过程。想要什么可以说,不开心了也可以讲,如果已经七八岁的孩子在得不到想要的东西时,还像三四岁的孩子那样满地打滚大喊大叫,父母就必须认真反思自己的教育方式,看看以往自己对孩子是否存在着过多的溺爱行为,从而造成了孩子今天的任性无理(礼),并着手加以调整和改正。

树立"衡量判断有节制"的正向思维,

杜绝"随心所欲任我来"的错误行为。

第七章

品格资本：忍耐

一、动机激发，让忍耐品格持久发光

（一）为什么需要忍耐

我们置身于一个缺乏耐心的时代，现代人常期待一夜之间便能获得成功，如果期望没有立即实现，便可能放弃一切。然而，放弃比忍耐容易千百倍——出去玩，比留在家中读书容易；上网玩游戏，比背英文单词容易；与父母争吵夺门而出，比留下来耐心沟通解决问题容易。因此，真正的忍耐，不是忧愁地等待结局，而是心中充满坚定的希望，在努力中等候黎明，迎接胜利的曙光。

（二）忍耐，是一种能力，也是一种智慧

假如你是一株弱小的花卉，想要绽放你的美丽，你就要忍受寂寞的成长；假如你是一列钻进隧道的火车，想要沐浴温暖的阳光，你就要忍受冰冷的黑暗，忍过黑夜，天就亮了；忍过寒冬，春天就到了。

忍耐是智慧的象征，也是修养的表现。遇到大事不着急，遇到急事能冷静，心胸开阔，大事小事处理得妥妥当当。有人说"冲动是魔鬼"，一个能忍耐的人，往往是成功的人。

但凡成功者,都需要忍耐多少次的失败,而不在一次次失败的打击中倒下,需要强大的内心和智慧,如果不忍耐,放弃了,以前所做的事情便会前功尽弃。

当然,忍耐也是有限度的,不可能无休止地一直忍耐下去,忍耐过度就是软弱的表现。对于一个善良的人,忍耐心是既强大又张弛有度的。

孔夫子说过:"小不忍则乱大谋。"不论我们做什么事情和遇到什么困难,都要学会忍耐。它是我们处理事情的法宝,是我们成功的基石。

(三)忍耐,不意味着要忍气吞声甘于受委屈

忍耐,是一股韧劲,是在鞭策自己,磨炼自己的意志;忍耐,是一双缔造温暖和睦的手,化解了双方彼此之间的矛盾,开拓了人与人之间更开阔美好的前景;忍耐,更是一首高亢的进行曲,无时无刻不在进行着对胜利的渴求。学会忍耐,懂得忍耐,有时就是对自己命运的一种改变,创造出自己夺目光彩的人生。

可曾记得"负荆请罪"的故事?故事中的廉颇,无疑是个不懂得忍让之人,对只懂文墨却不会扛大刀的蔺相如不以礼相待。而蔺相如面对挑衅,并没有与其唇枪舌剑,他懂得"以退为进"的道理。在他眼中,此时忍让对手些许,反而会换来廉颇的体贴与谅解。他做到了,"忍耐"让他换来的是臣子之间的和睦,更换来了他谦让不相争的美名。

二、"忍耐"好品格故事汇

再坚持一下，再忍耐一下，再努力一下，便柳暗花明

有一位年轻人毕业后到一个海上油田钻井队工作。在海上工作的第一天，领班要求他在限定的时间内登上几十米高的钻井架，把一个包装好的漂亮盒子拿给在井架顶层的主管。

年轻人抱着盒子，快步登上狭窄的、通往井架顶层的梯子，当他气喘吁吁、满头大汗地登上顶层，把盒子交给主管时，主管只在盒子上面签下自己的名字，又让他送回去。于是，他又快步走下梯子，把盒子交给领班，而领班也同样在盒子上面签下自己的名字，让他再次送给主管。

年轻人看了看领班，犹豫了片刻，又转身登上梯子。当他第二次登上井架的顶层时，已经浑身是汗，两条腿抖得厉害。主管和上次一样，只是在盒子上签下名字，又让他把盒子送下去。年轻人擦了擦脸上的汗水，转身走下梯子，把盒子送下来，可是，领班还是在签完字以后让他再送上去。

年轻人终于开始感到愤怒了。他尽力忍着不发作，擦了擦满脸的汗水，抬头看着那已经爬上爬下数次的梯子，抱起盒子，步履艰难地往上爬。当他上到顶层时，浑身上下都被汗水浸透了，汗水顺着脸颊往下淌。当他第三次把盒子递给主管,主管看着他慢条斯理地说:"把盒子打开。"

年轻人撕开盒子外面的包装纸,打开盒子——里面是两个玻璃罐:一罐是咖啡,另一罐是咖啡伴侣。年轻人终于无法克制心头的怒火,把愤怒的目光射向主管。

主管又对他说:"把咖啡冲上。"

此时,年轻人再也忍不住了,"啪"的一声把盒子扔在地上,说:"我不干了。"说完,他看看扔在地上的盒子,感到心里痛快了许多,刚才的愤怒发泄了出来。

这时,主管站起身来,直视他说:"你可以走了。不过,看在你上来三次的份上,我可以告诉你,刚才让你做的这些叫作'承受极限训练'。因为我们在海上作业,随时会遇到危险,这就要求队员们有极强的承受力,承受各种危险的考验,只有这样才能成功地完成海上作业任务。很可惜,前面三次你都通过了,只差这最后的一点点,你没有喝到你冲的甜咖啡。现在,你可以走了。"

智慧之光:忍耐,大多数时候是痛苦的,但是,成功往往就是在你忍耐了常人所无法承受的痛苦之后,才出现在你面前。所以,千万不要只差那么一点点就放弃了。

资源链接(一)

下面10道题,爸爸妈妈跟孩子一起回答,根据问题表述填入数字。

①很不符合	②不符合	③基本符合	④符合	⑤非常符合
1. 我在电脑（包括手机、平板电脑等）前的时间，比我在书籍前的时间少				
2. 我遇到学习、生活中的问题，第一个会想到问身边的人，而不是马上用电脑查询				
3. 我用电脑时，大部分时间是用来学习/工作，而不是打游戏				
4. 我有自己独立使用的一台以上的媒体设备，比如，电脑、手机				
5. 我对自己每天上网时间有一定的控制，超过一定的时间会有提示				
6. 我的电脑上安装了绿色软件，能过滤一些不良信息				
7. 我经常用QQ、微信跟朋友（家人、同学）联系，传资料、发照片				
8. 我从不在QQ、微信上跟陌生的人聊天				
9. 我会关注朋友圈里的信息，但不会一有空就刷手机				
10. 我时常会分享一些优质的阅读内容到微信或QQ群中，但每周控制在3～5条				

【说明】全家人都来做一做，再比比你们的得分。

30分以下，说明你对媒体设备高度依赖，要学会忍耐对电子产品的依赖

30～40分，说明你能合理地使用媒体设备，如果再辅助一些技术手段会更好

40分以上，恭喜你，你能控制住自己的欲望，能科学地使用电子产品。它们会让你的生活更加精彩

资源链接（二）

家长是未成年人的第一任老师，无论是待人接物、言行举止，还是父母的电子产品使用习惯和形式，都会对未成年人起到潜移默化的影响。因此，父母应特别重视自身对孩子的示范作用，无论是上网的方式、目的，还是上网的时间、内容都要给孩子做好榜样，在这样环境下成长的孩子，才有可能克服负面的影响。

1.管理好上网的时间。

父母对于孩子网络管理的一项重点内容是上网时间的管理。作为成年人，我们也应该有这样的体会，一旦坐到电脑前，打开网络，时间就像长了翅膀过得飞快。在孩子上网过程中，最容易出现的一个问题也是时间的把握。本来这个年龄的孩子无论在心理还是行为上的自制力就没有建立完备，再加上网络游戏、视频、五花八门的新闻特别具有吸引力，如果父母不加以管理和引导，他们极容易上瘾沉溺其间。正是在这种背景下，父母要针对孩子看电视和玩手机的时间、内容做出规定，比如，每次看电视、玩手机的时间不能超过40分钟，每周上网控制在5次。而防止孩子沉溺网络最好的办法是要父母自己做好榜样，管理好自己上网的时间、方式、内容，父母的行为是对孩子最好的示范和教育。

2.用好绿色工具。

对于网络上的一些不良内容，我们借助技术手段，选择合适的绿色工具，也能在一定程度上让孩子安全上网。广大家长可以采用过滤软件将有害信息过滤掉，保证孩子浏览网络的安全与纯净度。父母也可以直接选用提供"网锁"装置的商业服务网。这可能是控制儿童使用互联网的最简单的方法。创建绿色上网环境，守护孩子安全上网。

3. 让阅读、运动代替网络。

我们越是强调网络媒介的作用、功能，就越要重视其他方面，如阅读、运动、旅行等对孩子的影响。因而，家长可以有计划、有组织地带领和鼓励孩子积极参与实践活动，安排丰富多彩的家庭活动，营造良好的家庭文化氛围，培养孩子养成良好的阅读习惯，也会促进媒介素养教育的顺利实现。家长应当带头养成阅读书籍、热爱知识等好的生活方式与行为习惯，做孩子的榜样。在长期耳濡目染之下，孩子会自觉不自觉地模仿家长的行为，也让孩子在现实生活中找到更多乐趣，吸引他们把更多精力和兴趣由虚拟环境转移到现实世界中。

总而言之，在这个纷繁复杂的网络时代，孩子成长道路上面临的诱惑更多、风险更大。作为孩子成长的守护人，作为孩子成长的第一任老师——家长要不断提升自我的媒介素养，以身作则，科学合理地使用网络媒介，培养孩子独立思考、分析媒介信息，并作出自己的判断。

三、体验活动(学校版)

【活动名称】蒙眼作画。

【活动人数】2人为一组,1人蒙眼,1人指挥。

【活动用具】眼罩、白纸、彩笔。

【场地要求】室内。

【活动目标】

1.使学生明白单向交流方式与双向交流方式可以取得不同的效果。

2.说明当我们集中所有的注意力解决一个问题时,可以取得更好的结果。

人人都认为睁着眼睛画画比闭着眼要画得好,因为看得见,是这样吗?在日常生活学习中,我们自然是睁着眼的,但为什么总有些东西我们看不到?当发生这些问题时,我们有没有想到可以借助他人的眼睛?试着闭上眼睛,也许当我们闭上眼睛时,我们的心敞开了。

【活动规则与流程】所有学生用眼罩将眼睛蒙上,然后分发纸和笔,每人一份。要求蒙着眼睛将他们的家或者其他指定东西画在纸上。完成后,让学生摘下眼罩欣赏自己的大作。

	引导反思——整理活动经验与提升
A	这个活动看似简单，其实蕴含了很多道理。我们的眼睛看东西时，总有些东西摆在那里我们看不到又或者看到了却不加注意，闭上眼睛我们会按照自己心里的想法行事，也许画出来的比自己期望的差很远，但却是真正印在心里的东西
B	为了给学生更好的提示，培训者可以在活动结束后再开始一个改良的活动。比如：让每个人在戴上眼罩前将他们的名字写在纸的另一面，在他们完成图画后，将所有的图片挂到墙上，让学生从中挑选出他们自己画的那幅。又比如：培训者用语言描述某一样东西，让学员蒙着眼睛画下他们所听到的，然后比较他们所画的图并思考，为何每个人听到的是同样的描述，而画出来的东西却是不同的

四、行动学习单

我的忍耐指数

1. 假如明天是英语考试，你却因感冒，身体有点不舒服，不太能专心读书，你会如何面对？（可多选，并请分享）

□ 想想哪一种作弊的方法比较安全

□ 我先短暂休息一下，再振作精神尽力复习功课

□ 去看医生，并且假装病得很重，请医生开一张诊断证明，作为申请补考的证据

□ 其他做法，例如：_____

2. 当你感到压力想要放弃时，你会：（可多选，并请分享）

☐ 认为"失败"是不可避免的事

☐ 找一个好借口，避免别人可能对我的责备

☐ 怪罪别人，或是怪罪发生的事情

☐ 鼓励自己继续坚持下去，或许会有转机

☐ 寻求他人的帮助，请他们提供解决问题的建议

3. 在什么时候或情况中，你容易变成一个没有耐性的人？

_____

4. 在学习忍耐的品格上，我愿意：（可多选，并请分享）

☐ 我愿意学习控制自己的情绪，不轻易发怒

☐ 为了完成目标，我愿意付上代价，坚持到底

☐ 面对枯燥、单调的环境，若是自己应尽的义务，我愿意学习忍耐

☐ 我愿意忍受痛苦与挫折，在其中学习成长

五、体验活动（家庭版）

【活动名称】无处不在的"空_____"。

【活动时长】60分钟内。

【材料准备】装满水的盆，1个空洗发水瓶，1只吹好的气球，1根吸管，1块海绵，1张纸，1个空塑料瓶。

【场地要求】 室内。

【活动目标】 我们能看到空气吗？不能！但是怎样才能证明空气确实存在呢？让空气发出声音，让空气变成风，或者让空气吹气球……想想看还有什么好办法让空气"现身"。

过程中通过家长的陪伴，培养孩子对事物的好奇心，同时忍耐寻找答案的过程。

【活动步骤】

实验（一）

怎么让身体感觉到空气的存在（例如：给你扇扇子感觉到空气的存在，看看哪些东西能制造让眼睛痒痒的微风和吹乱头发的强风）。

实验（二）

怎样让空气发出声音呢？不动的空气是很安静的，但如果我们让空气快速动起来，就能听到"呼呼""噼里啪啦"的声音，看看哪些东西能让空气发出声音？

实验（三）

我们能看到空气吗？我们可以让空气变成泡泡来现身，看看哪些东西放在水里能产生气泡？你能发明让空气现身的装置吗？（例如：①气球＋切开的塑料瓶＋水；②空洗发水瓶＋吸管＋按压。）

实验（四）

风中行船，做一只小船，风吹着它，让它在风中行驶。用铝箔纸叠一只小船，叠小一点，能够驶进水瓶。在水盆里设置一条环形路线，把小石头放在水盆中间，瓶子就成了小船停靠的港口。用吸管吹风,让小船绕过"小岛"驶进瓶子里,不能让它碰到石头和水盆边缘。(原理:有些船依靠风力就能环游世界,为了快速航行,船员们需要学习气象知识,他们需要避开危险的暴风雨和风速极低的天气,因为如果太平静了,船就会像蜗牛一样走不动了。)

实验(五)

让酸奶杯在气流上滑行,不要用手碰,试着用吸管让酸奶杯滑行。这是和伙伴进行酸奶杯气垫船的比赛。在大人的帮助下,在酸奶杯底部开一个直径约两厘米的孔,把酸奶杯倒过来放在光滑的平面上,用吸管在孔的上面吹起,让酸奶杯快速滑动,开始比赛!(原理:当你向酸奶杯的小孔吹气时,酸奶杯会不会左右晃动或者上下跳动,那是因为它正在气流上浮动,也就是气垫船底部有很多空气,这些空气让船浮在水面上,这样船依靠气流,就能轻松地在水上行驶了。)

【注意事项】每一项实验活动的进程都并非会一帆风顺,如果其间孩子出现了由于实际操作所带来的挫败感或不耐烦的情绪,父母需要在语言上多加以鼓励,忍耐住负面的情绪,将实验做完,让孩子拥有面对挑战的力量,并收获"忍耐"坚持的优秀品格。

六、21天学生品格养成日记

第一周								
"忍耐"好品格日记：忍受难以掌握的困境，全力以赴								
具体行动	本周曾经实践的项目，请打√							我的心情点滴
	一	二	三	四	五	六	日	
学习控制自己的情绪，不轻易发怒								
面对枯燥、单调的环境，我仍学习忍耐								
为了完成目标，坚持到底，决不放弃								

第二周								
"忍耐"好品格日记：忍受难以掌握的困境，全力以赴								
具体行动	本周曾经实践的项目，请打√							我的心情点滴
	一	二	三	四	五	六	日	
学习控制自己的情绪，不轻易发怒								

续表

第二周								
"忍耐"好品格日记：忍受难以掌握的困境，全力以赴								
具体行动	本周曾经实践的项目，请打√							我的心情点滴
	一	二	三	四	五	六	日	
面对枯燥、单调的环境，我仍学习忍耐								
为了完成目标，坚持到底，决不放弃								

第三周								
"忍耐"好品格日记：忍受难以掌握的困境，全力以赴								
具体行动	本周曾经实践的项目，请打√							我的心情点滴
	一	二	三	四	五	六	日	
学习控制自己的情绪，不轻易发怒								
面对枯燥、单调的环境，我仍学习忍耐								
为了完成目标，坚持到底，决不放弃								

七、21 天父母教子周记

第一周	本周曾经实践的项目，请打√	
1. 我本周没有把不好的情绪带回家，我努力创造轻松快乐的家庭氛围		
2. 我本周经常专心陪伴孩子 40 分钟以上（倾听、玩耍、讲故事……）		
3. 我本周经常使用肯定、鼓励的语言和孩子平等沟通		
4. 我本周和孩子一起做过户外活动：运动、玩耍、散步等		
5. 我本周发现了孩子的优点，并及时给予肯定和夸奖		
6. 我本周有拥抱孩子，并说爸爸/妈妈爱你		
7. 我本周没有当着孩子面，对爱人（家人）发脾气		
8. 我本周对爱人（家人）说了爱、赞美等正能量的话		
9. 我本周有用心陪伴父母或给父母打电话问候		
10. 自我点评，我本周：		

第二周	本周曾经实践的项目，请打√	
1. 我本周没有把不好的情绪带回家，我努力创造轻松快乐的家庭氛围		

续表

第二周	本周曾经实践的项目，请打√	
2. 我本周经常专心陪伴孩子 40 分钟以上（倾听、玩耍、讲故事……）		
3. 我本周经常使用肯定、鼓励的语言和孩子平等沟通		
4. 我本周和孩子一起做过户外活动：运动、玩耍、散步等		
5. 我本周发现了孩子的优点，并及时给予肯定和夸奖		
6. 我本周有拥抱孩子，并说爸爸/妈妈爱你		
7. 我本周没有当着孩子面，对爱人（家人）发脾气		
8. 我本周对爱人（家人）说了爱、赞美等正能量的话		
9. 我本周有用心陪伴父母或给父母打电话问候		
10. 自我点评，我本周：		

第三周	本周曾经实践的项目，请打√	
1. 我本周没有把不好的情绪带回家，我努力创造轻松快乐的家庭氛围		
2. 我本周经常专心陪伴孩子 40 分钟以上（倾听、玩耍、讲故事……）		
3. 我本周经常使用肯定、鼓励的语言和孩子平等沟通		
4. 我本周和孩子一起做过户外活动：运动、玩耍、散步等		
5. 我本周发现了孩子的优点，并及时给予肯定和夸奖		
6. 我本周有拥抱孩子，并说爸爸/妈妈爱你		
7. 我本周没有当着孩子面，对爱人（家人）发脾气		
8. 我本周对爱人（家人）说了爱、赞美等正能量的话		
9. 我本周有用心陪伴父母或给父母打电话问候		
10. 自我点评，我本周：		

八、扩展阅读：教子有方

抓大放小，培养出好孩子

在孩子成长的过程中，有这样一个现象不可避免地会出现，尤其是在这个年龄段：孩子的小问题、小错误、小毛病会层出不穷地涌现出来。也不知道从什么时候开始，父母和孩子的交流对话中，也逐渐没有了"你真棒"和"我爱你"这样表达爱意和鼓励的词汇，取而代之的则是"你快一点""你看看你""跟你说了多少遍了""你这孩子怎么回事呀……"等这些越来越不耐烦的语句，而且这些话好像一说就停不下来，像一股魔咒般长期笼罩在父母和孩子之间。父母们也或多或少地知道这样做不对，但就是每每看到孩子的表现，怎么也控制不住。

当然，我们并不是要在这里继续强调这种做法有多么不好和不可取，也不需要我们再次评判甚至是批评父母这种养育方式有多么不合理，而是要让大家打开和掌握一种能尽量规避"总是要数落孩子"这个行为的视角和技巧。

应对这个年龄阶段的孩子，父母要牢牢记住一个四字原则——抓大放小。

"小"指的是孩子的"毛病"；"大"指的是孩子的"天赋"。

如果父母的视角总是习惯性地落在孩子的这些毛病上，那很可能就因此而错过了发现并找到以及培养孩子与生俱来甚至是独一无二的天赋。

挑孩子毛病，和我们能不能够有意识地发掘孩子的天赋，这两者相比较而言，孰轻孰重是显而易见的。

看到这里，有的家长可能会说："我没发现我的孩子有什么天赋"，这个想法显然是错误的，因为每一位父母明明都一样有一颗望子成龙、望女成凤的心，为什么却偏偏被自己的情绪所误导，而走上了一条只会"恨铁不成钢"的不归路呢？！

比方说，一个孩子总是好动、坐不住，如果父母从挑毛病的角度看他，那很可能就毁了这个孩子的运动天赋和延误了他动感反射神经的发展。父母也几乎没办法比较准确地知道这个孩子在学业学习、吸收知识上，究竟是属于视觉型、听觉型还是动感型的特点。

再比方说，一个孩子特别爱说话，是个"小话痨"，如果父母总嫌他话多、总嫌他烦，那就很可能毁了这个孩子的语言天赋和错过了通过培养语言表达而建立起自信心的最佳时期。这个时期也叫作"先天优势窗口期"。

毛病谁都有，天赋最难得。

不可否认，挑毛病这件事比起发掘孩子的天赋而言，在实际操作中要容易很多，但也最大限度地蒙蔽了父母的双眼。

孩子的成长几乎是不可逆的，过了这个年龄再想补救，不仅进度会拉长，效果也会大打折扣，同时父母所需要付出的耐心、时间以及金钱也会成倍增长。不妨从此刻起，尽快放下那挑剔的眼神和不耐烦的情绪，收起总是容易脱口而出的那些否定孩子、教训孩子的话语，然后将自己换到孩子的那一边，试着想象一下，如果你是他，你会不会也同样在听到这些话语的时候，会感到紧张、害怕、不知所措甚至是恐慌自卑呢？再想一想在孩子的心中又会多么渴望有一个愿意懂他、更能够懂他的父母呢？

如果父母的语言总是让孩子感觉到自己是个麻烦、是个包袱，长此以往，父母在孩子成长道路上的影响力也将大打折扣，逐渐失去对孩子起到正向引领的主动权。

"抓大放小"是一种教育技巧，更是一种教育能力，父母早一天行动，孩子早一天受益。

第八章

品格资本：感恩

一、动机激发，让感恩品格持久发光

（一）感恩，是一种优秀的品格

感恩，希腊文的意思是"记住恩惠"。哲学家叔本华说："我们很少想到自己所拥有的，却总能想到自己所没有的。"孩子们会习惯性地抱怨，抱怨学校的规定、抱怨老师的要求、抱怨父母的唠叨、抱怨太无聊……如果要求他们一天 24 小时不发一句抱怨，似乎是一件相当具有挑战性的事情。

能够为所拥有的心怀感谢，是成长中自我实现的一个关键。在现今富裕的生活中，除非培养感恩的态度，为生活中发生的件件小事感恩，否则很难拥有真正的满足感与成就感。懂得感恩的人，通常比较谦逊，不狂妄、不骄纵，因而拥有良好的人际关系。相反，则容易以自我为中心，以为自己永远是最重要的，对别人有过多的要求与苛责，傲慢且心生埋怨。

孩子第一任要感恩的老师是母亲，乔治·赫伯特说过："一个好母亲相当于一百个好学校，因为母亲能够像磁石般吸引孩子的心，像北极星般引起孩子的注意。"模仿悄悄地影响着性格的形成。

洛杉矶的一家旅馆，早晨，三个黑人孩子在餐桌上埋头写着感恩信，这是他们每天必做的功课。老大在纸上写了很多行字，妹妹写了五六行，最小的弟弟只写了三行，再细看其中的内容，却是诸如"路边的小花开得真漂亮""昨天吃的比萨饼很香""昨天妈妈给我讲了一个很有意思的故事"之类简单的语句，原来他们写给妈妈的感谢信不是专门感谢妈妈给他们帮了多大的忙，而是记录下他们幼小心灵中感觉幸福的一点一滴，他们还不知道什么叫大恩大德，只知道对于每一件美好的事物都应心存感激。他们感谢母亲辛勤的劳作，感谢同伴热心的帮助，感谢兄弟姐妹之间的互相理解……他们对许多我们认为是理所当然的事情都怀有一颗感恩的心。

一直以来，感恩在人们心中是"感谢恩人"的意思。其实，感恩不仅仅局限于感谢对我们自己施以大恩大德的人，感恩其实是一种态度，一种善于发现美好并欣赏美好的优秀品格。

（二）感恩，让一切变得更加美好

许多人奉行的原则是"你满足我的需要，然后我才满足你的需要。"当一个人渴望别人回以感激之情，相对的，他也会努力希望获取别人的接受和赞同，并感恩于他。这其实是在向对方索取"报答"，如果索取未果，他难免会心生悔恨、痛苦之情，甚至觉得自己无足轻重，失去了存在的价值，变得丧失自我、没有自信。

仔细想想，其实很多人给予过你爱的示范、友善的动作、信心的鼓励、友好的示意……那我们为何总是隐藏感激的心情呢？或许是人与人之间的摩擦，摧毁了感恩的心，也可能习惯了没有感激的日子。其实，我们每个人都应该明白，生命的个体是相互依存的，无论是父母的养育、师长的教诲、配偶的关爱、他人的服务还是大自然的慷慨赐予……人自有了生命开始，便沉浸在恩惠的海洋里，一个人真正明白了这个道理，就会感激大自然的福佑、感激父母的养育、感激社会的安定、感激食之香甜、感激衣之温暖、感激花草鱼虫、感激苦难逆境。

感恩是一种优秀的品格，让我们的爱心增长，爱的实践不仅仅是意志的行动，内心深处更会让我们乐意、主动地付出，能够为我们所拥有的而心怀感激。

如果一个人心存爱与感恩，那么就会少一些烦恼、少一些牢骚、少一些抱怨、少一些仇恨，心胸就会变得宽阔、心情就会变得舒畅，你的世界会变得美好，生活也将变得美好。

二、"感恩"好品格故事汇

小白兔变身小蜜蜂

兰兰是只懒惰的小白兔。她在家里不但淘气，而且对父母很没礼貌，简直就是个被宠坏的小公主。家里人没办法，只好让她去外面的世界锻炼一下。

兰兰并不明白父母的真正用意。她成天想着能变成一只蜜

第八章　品格资本：感恩

蜂，因为蜜蜂可以自由地飞翔，真是悠闲极了。一天，兰兰听说狐狸博士研制出了一种洒在身上就能变成蜜蜂的药水，她马上跑了过去。兰兰来到狐狸博士的实验室，兴奋地对狐狸博士说："我听说您研制了一种能变成蜜蜂的药水，能让我试一试吗？"狐狸博士说："这个药水还在试验阶段，目前只有15天的有效期，但在这15天之内，如果你想变回来，那可不行，我还没有研制出特效恢复的药水，你可要想清楚了。"兰兰说："没事，我就想变成蜜蜂，您快点给我吧！"狐狸博士实在拗不过她，答应先给她一瓶做试验。

兰兰拿着药水，迫不及待地洒在了自己的身上，刹那间，她就变成了一只蜜蜂。她飞出窗户，混进了蜜蜂群中。别的蜜蜂都忙着采蜜，而她却只顾着玩，忘记了向其他蜜蜂学习采蜜的本领。太阳快要落山的时候，蜜蜂们都带着采好的花蜜回家了，而她却一无所获，刚飞到蜂巢门口，就被两只工蜂拦住了。因为兰兰身上没有一点儿蜜，两只工蜂说什么也不让她进去。这天晚上，兰兰实在是太饿了，她想回家大吃一顿。可到了家里，爸爸并没有认出已经变成蜜蜂的兰兰，他一巴掌打过去，差点要了兰兰的命。兰兰伤心地哭着，飞去了狐狸博士的实验室。她请求狐狸博士把自己变回原来的模样，可狐狸博士却无奈地摇摇头说："现在才过了一天，还要再过14天，你才能变回来。"

兰兰飞出实验室，停在了一根树枝上，她又冷又饿地度过了一个漫长的夜晚。天亮时，一只蜜蜂朝她飞过来，看见疲惫的兰兰，蜜蜂问："你身上怎么一点儿蜜都没有，是不是饿了？"兰兰说："我根本就不会采蜜……"热心的蜜蜂决定帮助兰兰。第二天，兰兰跟着这只蜜蜂学会了采蜜，她觉得采蜜其实也是一件很有意义的事情。她每天辛勤地劳动，就这样十多天过去了。

一天，她突然感觉自己的身体在变大，而且越来越重，树枝都被她压垮了。不一会，她就恢复了小白兔的样子。她依依不舍地和蜜蜂告别，回家去了。从那以后，兰兰变得勤劳、懂事了。因为这段不平凡的经历，小白兔兰兰学会了感恩。

智慧之光：从故事里我们就可以知道，其实每种生物都有它的生活状态，都需要经历努力才会有收获。小白兔兰兰经历过小蜜蜂的每日生活，终于懂得了该怎样生活。其实，通过了解生活经历我们也可以了解自身的不足，并感恩每一位给我们的成长带来帮助的人。

资源链接

爱父母

让孩子学会爱与感恩，就要从爱身边的亲人做起，首先就是从孩子身边最亲、最近的父母做起。

一位老师曾在小学生中做过多次调查，调查问题就两个：第一，你知道妈妈爸爸的生日吗？第二，爸爸妈妈知道你的生日吗？

调查的结果基本相同：知道妈妈生日的孩子一般不会超过五分之一，知道爸爸生日的孩子更是少之又少；而第二个问题，几乎所有孩子都举起手，妈妈和爸爸都记得孩子的生日。

这一调查可以用来提醒家长，在照顾孩子的同时，也应该经常让孩子明白家长为他/她付出了多少，让孩子知道家长喜欢什么、烦恼什么、需要什么，这样的爱就不再是单向的，而是双向的、可持续性的。除了生日之外，以下这些方面不妨有意识地问问孩子：

- 爸爸/妈妈不吃什么？
- 爸爸/妈妈分别多高？
- 爸爸/妈妈分别穿多大码的鞋子？
- 爸爸/妈妈都有什么爱好？
- 爸爸/妈妈喜欢什么颜色？
- 爸爸/妈妈最爱吃什么……

一位妈妈在微信朋友圈发了这样一条信息："外出旅行，儿子从储蓄罐拿了100元零用钱在身上，今天在景区消费了30块钱，给我买了一个挂件，给外婆买了一个发卡，给其他人买了三个香囊。"这就说明，这个孩子开始学会付出爱与感恩的行动，不仅买了让妈妈高兴的礼物，还给外婆和家里其他成员买了礼物，这个孩子尽了自己的努力表现爱、付出爱，心里产生一种愉悦的情感体验。可见，孩子付出爱的范围在扩大，付出爱的能力也在提升。妈妈在微信圈里高兴地发出这条信息，对孩子也是一个积极的强化，鼓励他继续付出自己的爱。

作为家长，我们要引导孩子从小学会关心父母、亲人、邻居、老师、同学、其他人……教会他们认识爱，懂得爱，付出爱，这也是为人父母应有的责任。

三、体验活动（学校版）

【活动名称】感恩积木。

【活动人数】10～12人为一组。

【活动目标】将纸飞机上所写的感恩事项具体化成积木，在积木的堆砌过程中激发人思考更多值得感恩的事物。

【活动导入词】今天大家要挑战用积木依次堆成一座座摩天大楼，这座大楼又名"感恩摩天楼"，因为组成大楼的每一块积木都代表一件感恩的事。我们汇整的感恩事项越多，大楼就能盖得越高。

【活动规则与流程】

1.说明上述情境后，问团队成员：若积木一个个堆放上去，你们可以叠多少块而不会倒？

2.团体设定积木的目标后，请大家从圈内取一架他人的纸飞机，依次念出机翼上所写的感恩事项，每念出一项，就请成员放下一块积木，直到所有人的事项念完为止。

3.引导成员：虽然机翼上的感恩事项已经念完，但团体中任何一位若能继续说感恩的事，每说一项就请他拿一块积木堆放上去。

4.若积木的数目已经到达团体原先设定的目标，可以请成员提高挑战度、继续堆砌大楼，但不可让它倒下。若未达原先设定目标就先倒塌者，请团体讨论如何堆放会更稳，重新再做一次（且重新设定目标），但之前分享过的"感恩积木"可以直接摆放上去，到积木倒塌前的高度后，再以规则3的方式继续活动。

【带领技巧与注意事项】在摆放积木时，为增加趣味及动机，建议分成两组以上相互观摩、竞赛，看哪一组能盖得最高。

	引导反思——整理活动经验与提升
A	从刚才射飞机的活动到"感恩摩天积木"的完成过程中令你印象最深刻的事情是什么（例如：某人的笑声、担心紧张的情绪、飞机抵达的过程、积木堆放的状况等）
B	请轮流用两个字分享当我看到感恩的积木堆砌成大楼时的感觉
C	从感恩的飞机飞向目标圈的画面或刚才成员在感恩积木的分享过程中，你觉得生活中值得我们感恩（感谢）的对象有哪些？为什么他们值得感谢
D	刚才我们每堆一个积木，就说一件感恩的事。在生活中通常你会用什么行动来表达自己的感恩（感谢）？请分享一次对他人表示感恩的经验
E	一个在顺境与逆境中都能感恩的人，会有哪些成长与祝福
F	如果这几天要实践感恩的行动，你愿意对哪些人表达自己的感谢？可能会怎么做

四、行动学习单

（一）我知道如何感恩

1. 因为"我拥有"，所以心存感恩。（请在以下四方面各写下一件感恩的事并分享）

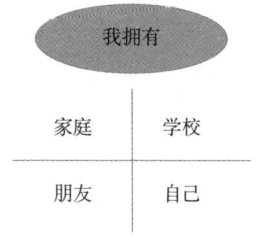

	我拥有
家庭	学校
朋友	自己

2. 我知道用什么方法来表达感恩：（可多选，并请分享）

☐ 送礼物给对方

☐ 写信告诉他们

☐ 口头说出来

☐ 花时间与他们在一起

☐ 其他：_____

3. 我的感恩行动：在本周的生活中，我决定向_____、_____两位表达感恩之情。

（二）感恩与抱怨

我的感恩日记

回想今天的言谈，是感恩较多还是抱怨较多？请在较多的一边贴上贴纸。

日期	感恩	抱怨
星期一		
星期二		
星期三		
星期四		
星期五		
星期六		
星期日		
重要事件分享		

五、体验活动（家庭版）

【活动名称】感恩我的感官。

【活动时长】60分钟内。

【材料准备】无。

【场地要求】室内、室外皆可。

【活动目标】通过活动帮助你了解怎么使用自己的大脑、眼睛、耳朵、鼻子、皮肤。

【活动步骤】

实验（一）：蒙眼摸一摸

1. 父母将孩子的眼睛蒙上，拿出手感受"黏糊糊"的东西（例如：果冻胶、土豆泥、液态胶水等），让孩子猜猜是什么？

2. 孩子在蒙眼情况下，尝试越过事先摆放在地面上的障碍物（例如：倒下的椅子、扫把、小垃圾桶）。注意：过程中父母需注意孩子安全，需跟孩子事先约定好，无论在何种情况下，不可违约、耍赖。

3. "家长引导语"——问孩子：想一想你的眼睛平时都帮了你什么？

实验（二）：水果忍者

1. 在蒙眼的情况下，用你的味觉、触觉、嗅觉来猜一猜这些水果分别是什么？

2. 邀请家庭成员参与，三人或三人以上。

3. 请大人帮忙准备好以下水果：苹果、香蕉、梨、草莓、橘子、山楂、榴梿、西瓜等。

4. 味觉：①取一块水果放在嘴里，尝一尝它是什么，说出它的名字，它的味道。②同时放三种水果到嘴里，分别说出它们的名字和味道。

5. 触觉：①分别摸一摸不同的水果，说出它的名字。②尝试区分每种水果的果皮、果肉和籽儿（例如：在盘子中放一块苹果皮，一粒苹果籽，一块去皮去籽的苹果，一块橙子皮，一粒橙子籽，一块去皮去籽的橙子，把它们混合在一起，在蒙眼的情况下，将苹果和橙子分类，鉴别苹果皮、苹果肉、苹果籽；橘子皮、橘子籽、橘子肉）。

6.嗅觉：①取两种味道非常不同的水果，猜猜是什么（例如：榴梿与西瓜)？②闻一闻两种味道十分相似的水果，猜猜它们是什么（例如：苹果与梨、橙子和柠檬)？

【活动总结】

我们的感知器官，有可以帮我们看东西的眼睛、听东西的耳朵、尝东西的嘴巴、闻东西的鼻子、触摸东西的手。

眼睛让我们感知光和颜色，看见了一切；嘴巴让我们感知到味道，分辨出酸甜苦辣咸；耳朵让我们感知声音和保持平衡；鼻子让我们感知气味。

它们都是大脑的侦察兵，通过这些"侦察兵"输送回来的信息，大脑开始让我们做出不同的反应，让我们感知到生活的趣味。感恩这些一直为我们服务的器官，让我们的生活变得丰富多彩，变得有意思极了。

六、21天学生品格养成日记

第一周								
"感恩"好品格日记：向使我生命受益的对象表达衷心感谢								
具体行动	本周曾经实践的项目，请打√							我的心情点滴
	一	二	三	四	五	六	日	
对别人为我的付出表达感谢（例如：言语、卡片、礼物、电话）								
不顺利时，我仍学习感恩								
不抱怨								

第二周								
"感恩"好品格日记：向使我生命受益的对象表达衷心感谢								
具体行动	本周曾经实践的项目，请打√							我的心情点滴
	一	二	三	四	五	六	日	
对别人为我的付出表达感谢（例如：言语、卡片、礼物、电话）								
不顺利时，我仍学习感恩								
不抱怨								

第三周							
"感恩"好品格日记：向使我生命受益的对象表达衷心感谢							
具体行动	本周曾经实践的项目，请打√						我的心情点滴
	一	二	三	四	五	六	日	
对别人为我的付出表达感谢（例如：言语、卡片、礼物、电话）								
不顺利时，我仍学习感恩								
不抱怨								

七、21天父母教子周记

第一周	本周曾经实践的项目，请打√	
1. 我本周没有把不好的情绪带回家，我努力创造轻松快乐的家庭氛围		
2. 我本周经常专心陪伴孩子40分钟以上（倾听、玩耍、讲故事……）		
3. 我本周经常使用肯定、鼓励的语言和孩子平等沟通		
4. 我本周和孩子一起做过户外活动：运动、玩耍、散步等		
5. 我本周发现了孩子的优点，并及时给予肯定和夸奖		
6. 我本周有拥抱孩子，并说爸爸/妈妈爱你		

续表

第一周	本周曾经实践的项目，请打√	
7. 我本周没有当着孩子面，对爱人（家人）发脾气		
8. 我本周对爱人（家人）说了爱、赞美等正能量的话		
9. 我本周有用心陪伴父母或给父母打电话问候		
10. 自我点评，我本周：		

第二周	本周曾经实践的项目，请打√	
1. 我本周没有把不好的情绪带回家，我努力创造轻松快乐的家庭氛围		
2. 我本周经常专心陪伴孩子40分钟以上（倾听、玩耍、讲故事……）		
3. 我本周经常使用肯定、鼓励的语言和孩子平等沟通		
4. 我本周和孩子一起做过户外活动：运动、玩耍、散步等		
5. 我本周发现了孩子的优点，并及时给予肯定和夸奖		
6. 我本周有拥抱孩子，并说爸爸/妈妈爱你		
7. 我本周没有当着孩子面，对爱人（家人）发脾气		
8. 我本周对爱人（家人）说了爱、赞美等正能量的话		
9. 我本周有用心陪伴父母或给父母打电话问候		
10. 自我点评，我本周：		

第三周	本周曾经实践的项目，请打√
1. 我本周没有把不好的情绪带回家，我努力创造轻松快乐的家庭氛围	
2. 我本周经常专心陪伴孩子40分钟以上（倾听、玩耍、讲故事……）	
3. 我本周经常使用肯定、鼓励的语言和孩子平等沟通	
4. 我本周和孩子一起做过户外活动：运动、玩耍、散步等	
5. 我本周发现了孩子的优点，并及时给予肯定和夸奖	
6. 我本周有拥抱孩子，并说爸爸/妈妈爱你	
7. 我本周没有当着孩子面，对爱人（家人）发脾气	
8. 我本周对爱人（家人）说了爱、赞美等正能量的话	
9. 我本周有用心陪伴父母或给父母打电话问候	
10. 自我点评，我本周：	

八、扩展阅读：教子有方

别错过培养流畅语言表达能力的黄金时期

大多数这个年龄阶段的孩子已经可以完全效仿出大人的语言习惯和对话模式了，言语中孩子开始更以一个"小大人"的姿态与父母交流，几乎彻底脱离了还处在幼儿时期的那种答非所问和不知所云的沟通方式。此时的孩子已经正式迈入了准成人化的"语言结构体系"和"思维逻辑建设"高速并行的第一个整合时期，也更是培养流畅的语言表达——这一在日后会起到异常关键作用能力的黄金窗口期。

那什么是流畅语言表达能力的基础衡量标准呢？概括来说，就是在阐述一件事情、表述一种观点和分享一种感受时，能够做到简洁、清晰、完整。它不仅能最大限度地节省沟通成本，更是可以规避很多由于说不明白话而给双方造成的交流误解，同时，还可以让孩子在众多同龄人中迅速地脱颖而出。毕竟一个人说话是否准确流利，是最直观的。

很多父母其实并没有充分意识到培养孩子这一本领的重要性，这个年龄相当多的孩子甚至是更高年龄的孩子还依然处于一种一说就急、越说越错、羞于开口以及不愿开口的状态，这让父母在树立孩子早期自信心这件事上会带来很多的阻碍。

我们并不建议对那些还尚处在幼儿期的孩子大量开发这一能力，因为孩子们还无法辨别和掌握这些准成人化语句的含义，过早的"能说会道"虽然会取悦父母，却也极容易让孩子丧失童真。而开发得过晚，就像对很多已经进入青春期的孩子来说，一方面学业繁重几乎很难抽出时间，一方面由于错过了最佳的启蒙年龄，学习和训练起来也会非常吃力。所以，在对的时间做对的事情，是父母们所要及时知道和了解的。

那除了找专业老师学习以外，我们在家里，其实也是可以对孩子进行补充训练的，今天就为大家带来几种简单实用的，在家里也能够训练孩子流畅语言表达能力的好方法。

第一种，丰富孩子的词汇。词汇的数量就像是电脑内存的容量，容量越大，语言基础就越雄厚，也会为后续这些词汇更好地连成句子起到相当好的铺垫作用，我们可以让孩子通过听、看、抄等多种方式，丰富孩子自身的词汇储备。

第二种，朗读训练。每天找一小段文章，让孩子大声地进行朗读，重点不在于朗读得是否一定要流畅优美有技巧，而是培养孩子在人前有敢于开口和乐于开口的好习惯。一旦父母频繁地打断孩子或是总要挑三拣四地评判孩子，就会很容易催生孩子的抵触心理，父母要提醒自己记得——此时，朗读训练的过程是远远大于结果的。

还有一种是保持和孩子的定量交流，不要一回到家对孩子说完那几句"有没有写作业""在学校表现的怎么样啊""你要好好学习，将来才会有出息"等这些很刻板的语言后，就去做自己的事情了。我们在和孩子共处一室时，似乎更热衷于在有事情发生的时候给孩子讲道理，却非常不擅长在没有事情发生的时候和孩子聊聊天。很多父母好像从不会或者说从不屑和孩子聊聊我们自己一天的心情和感受，只是头脑中知道要和孩子做朋友，但一旦不讲大道理了、一旦不教训孩子了，就什么话都不会说了。这是很多家庭的通病——有事请安、无事退朝。

和孩子语言交流的距离，就是父母和孩子心与心之间的距离。不妨试着和孩子聊聊自己工作中的喜闻乐见，也有耐心地听听孩子在学校和同伴中的喜怒忧乐。让聊天成为父母给孩子传递爱意和轻松引导孩子三观正向发展的一种不可或缺的亲子互动形式。

参考文献

[1] Marshall McLuhan. 理解媒介：论人的延伸 [M]. 何道宽，译. 北京：商务印书馆，2000.

[2] Neil Postman. 娱乐至死：童年的消逝 [M]. 章艳，吴燕莛，译. 桂林：广西师范大学出版社，2000.

[3] Erich Fromm. 爱的艺术 [M]. 李健鸣，译. 上海：上海译文出版社，2014.

[4] Gaareth B. Matthews. 童年哲学 [M]. 刘晓东，译. 上海：生活·读书·新知三联书店，2015.

[5] Louise Ames，Carol Haber. 你的8岁孩子 [M]. 玉冰，译. 南昌：江西科学技术出版社，2013.

[6] Louise Ames，Carol Haber. 你的9岁孩子 [M]. 玉冰，译. 南昌：江西科学技术出版社，2013.

[7] Alfred North Whitehead. 教育的目的 [M]. 徐汝舟，译. 上海：生活·读书·新知三联书店，2014.

[8] Aidan Chambers. 说来听听 [M]. 蔡宜容，译. 北京：五洲传播出版社，2011.

[9] Phil Erwin. 成长的秘密——儿童到青少年期的友谊发展 [M]. 黄牧仁，译. 南京：江苏教育出版社，2010.

[10] Richard Jorgensen，Warren Hanson. 和爸爸一起读书 [M]. 王志庚，译 . 桂林：广西师范大学出版社，2016.

[11] John Locke. 教育漫话 [M]. 傅任敢，译 . 北京：教育科学出版社，1999.

[12] Auger Mandinuo. 羊皮卷 [M]. 阿峰，译 . 武汉：长江文艺出版社，2009.